民衆の中の親鸞

平野修

同朋選書 18

民衆の中の親鸞　目次

民衆の中の親鸞

＊本書はラジオ放送「東本願寺の時間」で放送（一九八八年七月〜一九八九年六月　全三十五回）されたものをまとめたものです。

身に展開する浄土の真宗

身を生きる

これからしばらくにわたって、親鸞聖人（以下、親鸞とする）のことばに依りながら、浄土真宗の世界を考えていこうと思います。

次のようなことばがあります。

故法然聖人《こほうねんしょうにん》は、「浄土宗のひとは愚者になりて往生《おうじょう》す」と候《そうら》いしことを、たしかにうけたまわり候いしうえに、ものもおぼえぬあさましき人々のまいりたるを御《ご》覧《らん》じては、往生必定《ひつじょう》すべしとてえ《(笑)》ませたまいしをみまいらせ候いき。ふみざた《(文沙汰)》して、さかさかしきひとのまいりたるをば、往生はいかがあらんずらんと、たしかにうけたまわりき。いまにいたるまでおもいあわせられ候うなり。

（『末燈鈔《まっとうしょう》』聖典六〇三頁）

このことばは、親鸞八十八歳の時の手紙の一節です。ご承知のように、親鸞は西暦一一七三（承安三）年に生まれ、一二六二（弘長二）年、九十歳で亡くなっておられますから、八十八歳といいますと、その最晩年にあたります。

今、読みました手紙の最初に、「故法然聖人」とありますのは、親鸞にとって「よき人」「先生」にあたります法然房源空《ほうねんぼうげんくう》上人（一一三三〜一二一二）のことであります。親鸞は生涯、法然上人を「よき人」と仰がれたのですが、その「よき人」とは、わずかに六年間のおつきあいでした。現代の私たちが多くの人たちの中にありながら、あたかも風吹きすさぶ荒野《あれの》の中にいるような自分を見つけるとすれば、二人のような出会いがこれまでの人生の中でなかったことを意味するのではないでしょうか。それだけに、この二人の出会いの深さ、確かさがうかがわれます。

親鸞は二十九歳のとき、六十九歳の法然と出会い、三十五歳のとき、念仏禁止の事件でそれぞれ流される身となって、二度と相会うことがありませんでした。別れて五十年以上たって、親鸞が八十八歳になっても、「いまにいたるまでおもいあわせられ候うなり」と、まるで昨日《きのう》、今日のように思い出されたことが、「浄土宗のひとは愚者になりて往生す」ということだったのです。

この亡き法然上人のことばは、いつもいつも親鸞は時にふれ、折にふれて、うなずかれていたものに違いありません。なぜかと申しますと、親鸞が自らを名告《なの》るときに「愚禿釈親鸞《ぐとくしゃくしんらん》」と「愚」、つまり、「愚《おろ》か」という字を最初に置かれているからです。先の手紙の中では「愚」は、「ものもおぼえぬあさましき人々」といわれています。「ものもおぼえぬ」とは「物事の道理をわきまえない」という意味ですし、「あさましき」とは「生活がみじめで、貧乏でいたましい」という意味です。

これらの意味から具体的にどのような人びとが考えられるでしょうか。これについてまず思われることは、「身」のことです。「身分」とか「我が身」といったときの「身」です。この「身」ということは法然や親鸞といった人たちだけではなく、現代を生きる私たちにとっても、たいへん重要な意味をもつものです。といいますのは、

死するのです。「身」のところに生・老・病・死があるからです。つまり、「身」が生まれ、「身」が

また「身」には、さらに大事なことがあります。それは、食べることと、男・女の性のことです。そして、この二つは繰り返すという性質をもっています。特に食べることの繰り返しが重大です。それは、老い・若き・男・女を問わず、繰り返し繰り返し食べなければ生きられない身を、私たちは「我が身」としているからです。繰り返し食べることができなければ、私たちの「身」はまちがいなく死に至ります。ですから、私たちの人生のほとんどは、この繰り返し食べることの確保に費《つい》やされ、そのために多大な苦労がはらわれています。

ある老人のことばを思い出します。戦中・戦後、文字どおり世の辛酸《しんさん》をなめて齢《よわい》八十近くになる人が、若い人から、「いろんな事があって、人生が長く感じられたでしょうね」と問われて、「いーや、ただ食べて通ってきただけだ」と答えられたそうです。これは、たいへん重いことばです。繰り返し食べねば生きられない身を「我が身」とする私たちに深くうなずかれることばでしょう。

繰り返し食べることができなければ生きられない、と申しましたが、繰り返し食べることが困難な問題をもっております。それは、ある人はそんなに苦労せずとも繰り返し食べることができ、ある人は朝早くから夜遅くまで働きづめに働いても食べることに困難を感ずる、ということがあります。ここに、世の中の仕組みが考えられます。世の中の仕組みに受け入れられる人たちは食べやすく、仕組みに巻き込まれたり、はじかれたりする人たちは食べにくいといわなければなりません。

このことは、親鸞の生きた鎌倉時代も、今日の私たちの時代も同じことでしょう。先の手紙で「あさましき人々」と呼ばれた人たちこそ、繰り返し食べることに困難していたのでしょう。徹底して「身」に振り回され、「身」に埋もれきって生きている人たちです。繰り返し食べることが困難であれば、「身」はやせ衰《おとろ》え、老いも早く来ますし、病《やまい》もまぬがれません。したがって、いつも死の近くにいなければなりません。法然・親鸞の眼は、「我が身」を通して同じ身を生きる「あさましき人々」にそそがれていたのです。そして、この「身」のところに浄土の真宗は展開するのです。

身の発見

前回、「ものもおぼえぬあさましき人々」の上に法然・親鸞の眼がそそがれていた、と申しました。そしてまた、繰り返し食べなければ生命がつなげない身を、「我が身」としていることに関係しているとも申しました。

食べることに難儀《なんぎ》している人びとが「あさましき人々」であったのです。しかし、自ら好んでなったわけではありません。また、貧しいことは悲しいばかりではなく、老・病・死がたやすく「身」をおそうことを意味します。そんな現実に対して、私たちにはどのような対抗・防衛手段があるでしょうか。病・死のおそれ、不安から、「あさましき人々」が祈禱や呪術におもむくことがあったとしても、だれに批判ができるでしょうか。また、繰り返し食べられないことから、子どもを売ったり、やむなく盗むことがあったとしても、それを「ものもおぼえぬもの」、つまり、「物の道理もわきまえないもの」と、どうして批難ができるでしょうか。

まったくそこには、「身」に振り回され、身に埋没しきって生きる姿があるだけです。ですから、この「身」を離れるために、出るために、つまり生老病死をもつ「身」から自由になるために、身を省《かえり》みたり、仏道の修行に専念することなど、この人びとには思いもよらないことなのです。そんなことより、直截《ちょくさい》に身の満足することを求めたでしょう。

さらに加えて、この「身」のところに、繰り返す男・女の性があります。実に、この「身」は繰り返す性によって誕生したものです。

また、「性」は身の誕生だけで終わらず、繰り返すことによって、貪《むさぼ》りの愛をつのらせます。それによって、当然、さまざまな苦悩が私たちにもたらされます。愛《いと》しい者と別れなければならないという、愛別離苦《あいべつりく》がその典型でしょう。貪りの愛は、その裏返しとして、いかり、憎しみにも通じていきます。

このように繰り返しの性をもつ「身」を「我が身」とする私たちは、食べることでともなう苦悩以上の苦悩をもつことになります。たとえ、知識があろうと、地位があろうと、この性と愛に対しては、私たち誰もが「ものもおぼえぬあさましき人々」となり果てるよりほかはないのではないでしょうか。とすれば、やはり、この「身」に振り回され、「身」に埋没して生きるほか、どんな別の生き方も私たちは知らないのでしょう。

法然上人が「浄土宗のひとは愚者になりて往生す」といわれた「愚＝愚かな者」とは、身のもつ二つの事実を隠すことも、やわらげることもできず、ただただ正直に生きざるをえなかった人びとのことなのでしょう。ここに「身」の発見があります。

従来から、仏教といえば智慧《ちえ》を得る道とされ、先に申しましたような「身」のもつ苦悩から離れることが目標とされてきました。そして、そこに膨大《ぼうだい》な観念体系が生み出されてきました。しかし、この観念体系は、もっと深く「身」に埋没していて、それだからこそ、もっと自由になることを願う人びとを、かえってしりぞけてきたのです。戒律が守れない、文字が読めない、修行ができない、といって切り捨ててきたのです。しかし、繰り返しの食べることと性のあるところに、私たちの「我が身」があり、また、この「身」はあらゆる人びとに共通する事実であり、その意味では、この「身」こそ、人間の大地といわなければならないものです。

この、「身」の発見というところに、法然・親鸞の信心の要《かなめ》があるといえるでしょう。

といいますのは、単に「身」を発見するということではなく、「愚身《ぐしん》」＝愚かな身、として見い出されたからです。その「愚者になりて往生す」の「愚者になりて」がそのことをよくあらわしております。「愚者が往生する」というのではなく、「愚者になりて」です。この「なりて」というところに目覚めがあります。

なぜなら、私たちは決して「愚者になること」を願うものではないからです。逆です。「賢者になりたい」のですし、「力あるものになりたい」のです。だれが好んで愚かな者になりたいでしょうか。ですから、「愚者になりて」は自分自身への、「我が身」への目覚めをあらわすのです。

私たちはだれしも、「我が身」をたのみにして生きております。しかも、我が身としているその「身」は二つの繰り返しを離れることができない身であり、したがって、深く苦悩せざるをえない身です。そういう「身」を「我が身」とする私たちの生き方は、あたかも砂漠の中にオアシスを探すようにならざるをえません。なぜなら、誰も好んで苦しむことを願わないからです。
親鸞の八十三歳の時の手紙に次のようなことばがあります。

わがみ《（身）》をたのみ、わがはからいのこころをもって、身《しん》・口《く》・意《い》のみだれごころをつくろい、めでとうしなして、浄土《じょうど》へ往生《おうじょう》せんとおもうを、自力《じりき》と申すなり。
（『血脈文集《けつみゃくもんじゅう》』聖典五九四頁）

二つの繰り返しをもつ身を「我が身」とする以上、乱れ心と戦わざるをえませんし、何も心にかかるものがないような顔をして生きていきたいのです。それを親鸞は「はからい」とも「自力」ともいいますが、つまり、「賢く」なって生きようとすることです。別の言い方をすれば、身を生きながら、身を離れようとすることです。これはできない相談です。ここが肝要なのです。「我が身」としている「身」を、我が力で解決しようとする計画のすべてができぬ相談と知れたところに、「愚者となりて」という自覚が生ずるのです。これは決して残念なことではなく、おおらかな目覚めなのです。大地ともいうべき身に、はじめて出会うことになります。

身のすくい

「浄土宗のひとは愚者になりて往生す」。このことばについて話してきたのですが、「愚かな者」とは「我が身」という場合の「身」を見い出した者にほかなりません。親鸞の書かれたもの、語られたことばの中に実に多くの「身」のことばを見つけることができます。

たとえば、「極悪深重《ごくあくじんじゅう》のみ《(身)》」(『尊号真像銘文《そんごうしんぞうめいもん》』聖典五三〇頁)とか、「無明煩悩《むみょうぼんのう》われらがみ《(身)》にみちみちて」(『一念多念文意《いちねんたねんもんい》』聖典五四五頁)とか、「罪業《ざいごう》の身」あるいは「かかるわるき身」(『御消息集《ごしょうそくしゅう》(広本)』聖典五七二頁)といった使い方があり、一方ではまったくそれに反対の「功徳《くどく》は行者《ぎょうじゃ》の身にみてり」(『高僧和讃』聖典五〇〇頁)とか、「仏にかならずなるべきみ《(身)》」(『尊号真像銘文』聖典五一三頁)、「智慧《ちえ》をえて仏になるべきみ《(身)》」(『弥陀如来名《みだにょらいみょう》号徳《ごうとく》』)といった使い方があります。

しかし、これは矛盾を語っているものではありません。仏教のさとり、仏教のすくいが「身」についてであることを示しているのです。これは日頃の私たちが何で悩んでいるかを考えてみれば、よくわかることです。時には身も世もなく泣き伏し、身のすくむ思いをし、時には身のほどを知らない者と揶揄《やゆ》され、また、いつでも身の置きどころもないと嘆く私たち、これらはすべて「身」のことです。つまり、私たちは我が身一つを度《ど》しかねているのです。だから、私たちは「身」のすくいをこそ求めているといえます。

中国の唐の時代に、善導大師（六一三〜六八一）という僧がおられました。この人は法然上人に決定的な影響を与えられた方ですが、この善導大師に次のようなことばがあります。

決定《けつじょう》して深く、「自身は現にこれ罪悪生死《ざいあくしょうじ》の凡夫《ぼんぶ》、曠劫《こうごう》より已来《このかた》、常に没《もっ》し常に流転《るてん》して、出離《しゅつり》の縁《えん》あることなし」と信ず。

（『観経疏《かんぎょうしょ》』聖典二一五頁、教行信証所引）

このことばは、やはり、「身」の発見を語っております。そして、このことばは「身」が歴史的、社会的意味をもち、同時に「出離」ということで自由を願うのですから、責任を感ずるものであることを教えています。「我が身」のことでありながら、「我が身」一つがどうにもならないことを語っております。そして、その理由は、自分の心で自由にならないほど身が深いからであり、予想を超えているからです。それを先に「歴史的・社会的」といったのです。この身がどのようなことに出会っていくかは、私たちは、なってみなければわからないのです。なってみてはじめて驚き、あわて、そして思わず知らず、「なぜ、どうして、この私が」と叫ぶのです。「我が身」におこった出来事だけれども、自分に納得できないのです。納得できないとは受け入れられないということです。これはあたかも消化できないものを胃の中にもっているようなものであり、胸に氷をいだいているようなものであり、不愉快ですし、不満でもありますす。ここに「しようがない、運命とあきらめよう」ということばが生まれてきますし、時には、強制的に「我慢させられる」こともおきてきます。いずれにしても、自分に納得できなければ生きられないのが私たちです。

先ほどの善導大師のことばでいえば、自分に納得できるということは、「自分自身を深く信ずる」ということでしょう。しかも、自身を深く信ずるというのは、決して無理やり納得するのでもなければ、泣く泣く納得させせられるのでもないでしょう。考えてみれば、私たちが人生で求め続けるものは自分自身への深い納得であり、うなずきにあるのでしょう。

しかし、なかなかそうなりません。なぜでしょうか。それは私たちの我が身に対する計《はか》らい、計算する心によるからです。しかも、その心は常《じょう》・楽《らく》・我《が》・浄《じょう》という尺度をもっているからです。

「常」とは常《つね》なることであり、いつまでもいつまでもと願うことです。

「楽」とは字のとおり、楽しいことであり、快適であり、不都合をきらうことです。

「我」は私がいつでも中心であることを主張し、無視されることを何よりもおそれることです。

「浄」は自分や自分に属するものが善きことであり、批難されるものは何もないと主張することです。

この四つのことが、私たちが「私」という場合に例外なく忍びこんでいるのであり、「私」のあり方をいつのまにか決めてしまうのです。つまり、ふつう私たちが「我が身」に納得するといったとき、この「常・楽・我・浄」が満たされなければならないのです。しかし、これはとうてい満たされるものではありません。なぜなら、すでにこの身は、老い・病み・死する身だからです。このために、どうしても私たちは「我が身」に納得できず、うなずけないのです。ですから、「我が身、我が身」といいながら、この身を嫌い、いじめ、はてはしようがないといって捨ててしまうのです。このような生き方をする私たちには、善導大師のいうような「自身を深く信ずる」ことは起こりようがないでしょう。

これは私たちが「私」といって生きるかぎり、免れえないことです。それを親鸞は「無明《むみよう》煩悩《ぼんのう》われらがみにみちみちて」というのでしょう。常・楽・我・浄を「私」の枠として、尺度として生きることが「無明」であり、そのために自身を嫌い、思いどおりにならないことで他を呪うことが煩悩です。無明・煩悩によって、この身は覆われ、焼かれているのです。

「私は」「私が」「私こそ」といって生きる私たちは、みんな、常・楽・我・浄として「私」をたてて生きているために、無明・煩悩の火に焼かれることから出ることができないのです。それを善導大師は「出離《しゅつり》の縁《えん》あることなし」といったのです。ここに業縁の身、つまり私の尺度を超えた身との出会いがひらかれたのです。

身へのうなずき

親鸞によって明らかにされたことは「自身を深く信ずること」であったのです。どのような宗教も「信ずる」ということをいいます。そして、ほとんどが神や霊や自然を信ずるといいます。善導・法然・親鸞と伝統されてきた流れにおいては、「信ずる」とは「自身を信ずること」であったのです。これは他の宗教と著しく異なっている点です。そして、この自身を信ずるについて、如来は不可欠である、ということがきわめて大切なのです。

何かのために如来を信ずるのではありません。もっといえば、決して自身をたすけるために如来を信ずるのではないのです。このようにいえば奇妙に聞こえるかもしれませんが、それは私たちのもっている宗教理解に合わないだけであり、私たちのもっている宗教理解が必ずしも正しいわけではありません。如来を信ずるとは自身が信ぜられることです。自身が信ぜられるとは、深く自身に納得できることであり、うなずけることです。どのような自身に納得し、うなずくのかといえば、老・病・死をもつ身へのうなずきであり、さまざまな境涯をへめぐる業縁の身に納得することであり、いろんな計《はか》らいをもってしても乗り越えられない身へのうなずきです。

私たちは生まれてから眼を閉じるまで、あるべき、また、ありたい自身への実現のために悪戦苦闘しているのでしょう。そのあるべき、ありたい自身のことを、先回、常（＝常なること）、楽（＝快適なこと）、我（＝いつも自分が中心であること）、浄（きよらかなこと＝自分が罪のないものであること）と申しました。常・楽・我・浄を追い求めて戦いが終わったのではなく、戦い疲れて「人生は所詮《しょせん》こんなもの」とつぶやかざるをえないというのが私たちの正直な姿なのではないでしょうか。このことをよくあらわしている親鸞の次のようなことばがあります。

悲しきかな、垢障《くしょう》の凡愚《ぼんぐ》、無際より已来《このかた》、助・正間雑《けんぞう》し、定散心雑するがゆえに、出離その期《ご》なし。自ら流転輪回《るてんりんね》を度《はか》るに、微塵劫《みじんごう》を超過すれども、仏願力に帰しがたく、大信海に入りがたし。良《まこと》に傷嗟《しょうさ》すべし、深く悲歎《ひたん》すべし。

（『教行信証』聖典三五六頁）

と。要をとっていえば、実現すべき自分を求めて悪戦苦闘したが、ついに結果は得られなかった。そして驚くべきことに、この悪戦苦闘を終わりのないものにしていたのは、ほかならない自分自身の計らいであった。他のものが自分を迷わせていたのではない、自ら流転輪回を計画していたのであった、と知れた。これはなんと傷《いた》ましく悲しいことであろうか、という意味になるでしょう。

しかし、この親鸞のことばは、単に絶望をあらわしているのではありません。自分自身の全体の姿にはじめて出会って、驚き、深く感動したことを述べたものです。どこまでいっても自身に納得できない正体、理由がはっきりしたのです。納得しようとして計らい、計らったとおりにならないといって、納得できるようにまた計らいを重ねていく人間の姿がはっきりとらえられたのです。この姿こそ、この身、この世全体の姿なのでしょう。そして、この「計らって納得しよう」とするありさまこそ、私たちが疑いの心をもって本質としていることを示すものでしょう。このことを「正信念仏偈」の中で、親鸞は法然上人のことばによりながら、

生死《しょうじ》輪転《りんでん》の家に還来《かえ》ることは、決するに疑情をもって所止とす。

（「正信偈」聖典二〇七頁）

といわれます。疑情――疑う心が、この世を成り立たせるといわれるのです。

私たちはこの世において、この身において、安心し納得したいのですが、安心したいことはそのままで、安心したいために欠点を探すのです。つまり、安心したい心がそのままで、不安を感ずる心なのです。この二つの心は永遠に両立しないのです。この永遠に両立しない心を私たちは「我が心」としているのです。そのために、私たちの自身に納得しようとする戦いは終わりがないのです。しかし、私たちは終わりがこ

ないうちに疲れはててしまうのです。

今、親鸞はそれを「自ら流転輪回を度《はか》るに」と、正体がはっきりしたといわれるのです。永遠に両立しない心を我が心とする、その心の正体は「疑い」だと信知したのです。そして、はっきりしたのです、この身、この世において、納得し、うなずくことは、私たちには決してありえない、ということを。つまり、この身、この世の限界を知られたのです。「ものも覚えぬ、あさましきもの」であるから自身に納得できないのではない、さかさかしい物知りであろうとも納得はできないのです。老・病・死をもつ身、縁さえあればいかなることにも出会う身を我が身として生きる、私たちの計らいの心が自分自身に納得させないのです。悲しいことに私たちは、この我が身に納得するために、仏さま、神々まで使ってでも納得させようとしているのです。

親鸞や法然が「愚かな者」という場合の愚かは、何をもってきても、この身、この世に納得できないと知っておおらかに念仏申す人たちのことだったのです。逆に、納得したような顔をしているものや、念仏、その他の行をもって納得できているような顔をしているものが「さかさかしい」人たちだったのです。実に念仏申すとは、この身、この世において納得などありえないと限界を知ることなのであり、限界を嘆く心すら超えでることなのです。

みなただ人として

念仏は行者のために、非行非善なり。

（『歎異抄』聖典六二九頁）

自分自身に納得できないかぎり、不快であり不満である私たちは、何としてでも納得したいのです。納得するとは、受け入れることができることであり、別のことばでいえば「摂取《せっしゅ》して捨てず」ということです。この「摂取不捨《せっしゅふしゃ》」を、私たちの日ごろの心は自らの力でなしとげようとするのです。これを「計らい」といいます。

これは先回申しましたように、安心したい心が、安心したいがためにそのままで不安を感ずる心でもあって、決して両立しないものを内容として、私たちの「計らい」

はあるのです。そのために永遠に納得できないのです。これを先回、「限界が知らされた」と申しあげたのです。

限界が知られるとは、限界を超えた質を異《こと》にした世界にふれることを意味します。たとえば、真っ白なものの上に同じ真っ白なものを置いても、その境界はよく知られませんが、真っ白なものの上に質を異にする黒いものを置けば、黒いものの限界がすぐわかるようなものです。限界が知れて、この身、この世において納得などありえない理由がはっきりした、というのが信心を獲得することであります。

親鸞の七十八歳の時の著作に『唯信鈔文意《ゆいしんしょうもんい》』があります。その中にこんなことばがあります。

自然《じねん》というは、しからしむという。しからしむというは、行者《ぎょうじゃ》の、はじめて、ともかくもはからわざるに、過去・今生《こんじょう》・未来の一切のつみを転ず。転ずというは、善とかえなすをいうなり。もとめざるに、一切の功徳善根《ぜんごん》を、仏のちかいを信ずる人にえしむるがゆえに、しからしむという。はじめて、はからわざれば、「自《じ》

然《ねん》」というなり。（聖典五四八―九頁）

ここで注意されますことは、「はじめて、はからわざ」るということです。私たちの「はからい」はあたかも、暴流《ぼる》（あばれ川）のように、瞬時たりとも止まらないのです。ところが、異質な世界にふれて、はじめて計らいが止まることが私たちに起こるといわれております。限界が知れた、ということは私たちに目覚めが生じたことを意味します。その目覚めのことを信心というのです。

ですから、決して何かを対象的に信ずることが信心ではないのです。また、先にもいいましたように、限界を知るとは、限界を超えた世界にふれて知れることですから、同時に、限界を超えた世界にも目覚めることが生じます。この限界を超えた世界のことが、先の親鸞のことばでは「自然《じねん》」といわれております。私たちのよく知っていることばでは「阿弥陀仏の浄土」のことです。

ですから、親鸞がいう信心とは、限界が知られると同時に、限界を超えた世界への目覚めを内容としているのです。そして、この二つの目覚めが真実であるから、疑いを正体とする「はからい」が止むのです。この真実との出会いを「念仏申す」というのです。

ですから、念仏は決して何かのためにあるのではないのです。念仏が行といわれるのは、私たちに目覚め、信心が生ずるからです。

また、先の文章の中に「はじめて、ともかくもはからわざるに、過去・今生・未来の一切のつみを転ず」とありました。過去・今生・未来の一切の罪は、私たちの業の身にあることです。ですから、この業の身を「我が身」とする私たちにあっては、自らを罪ないものとして立てようと計らわざるをえません。ところが、限界が知られることで、この一切の罪が転ずるといわれます。そして、「転ずというは、善とかえなすをいうなり」と親鸞はいいます。つまり、計らう心の上ではどうしようもない、嫌い厭《いと》うべきものであったものが、真実を讃《たた》えていくべき法に転換するのです。

このように限界が知られることで、私たちのあり方が転換するのです。我が力によって転換したのではありません。限界を超えたものにふれて、限界が知られて転換するのですから、「他力《たりき》」といわれるのです。この身、この世において納得することは決してありえない、という真実の自覚が生ずるについては、異質な他力が不可欠なのです。別のことばでいえば、如来なくして自身を信ずることはありえないということです。

この点がはっきりした親鸞には、自身に納得する道は、大小の聖人であっても、重軽の悪人であっても、みな、同じく、斉《ひと》しく、念仏に帰《き》することであると知られたのでしょう。ここに、親鸞のいう「老少善悪《ろうしょうぜんあく》のひとをえらばれず」（『歎異抄』聖典六二六頁）という意味があり、さらに「他の善も要《よう》にあらず、……悪をもおそるべからず」（同）の信念が輝くのでしょう。

如来ともいい、浄土ともいい、私たちにとって異質な他力にふれることで、自・他各別となっている身、生・老・病・死の身、納得できない身を生きる私たちが、みな同じくただ人として見い出されるのでしょう。永遠に納得できない者の中にあって、誰が聖者であり、誰が愚者であろうか、誰が善人であり、誰が悪人であろうか。

親鸞が見つめた人びと

親鸞の代表的な著作は、いうまでもなく『教行信証《きょうぎょうしんしょう》』であります。しかし、この『教行信証』は漢文で書かれておりますので必ずしも読みやすいものではありませんし、また、量も膨大《ぼうだい》ですので読みとおすことも至難といわざるをえません。では親鸞は、このような膨大で難解な著作を誰に向かって書いたのでしょうか。

書きだしのところに、次のようなことばがあります。

穢《え》を捨て浄《じょう》を欣《ねが》い、行《ぎょう》に迷《まど》い信に惑《まど》い、心昏《くら》く識寡《さとりすく》なく、悪重く障《さわり》多きもの、特《こと》に如来の発遣《はっけん》を仰ぎ、必ず最勝の直道《じきどう》に帰して、専らこの行《ぎょう》に奉《つか》え、ただこの信を崇《あが》めよ。（聖典一四九頁）

このことばを見ますと、明らかに、我が身に納得できず、どう生きてよいか迷っている私たちに向かって書かれたことがわかります。このほかに、「常没《じょうもつ》の凡愚《ぼんぐ》・流転《るてん》の群生《ぐんじょう》」といわれたり、「極悪深重《ごくあくじんじゅう》の衆生《しゅじょう》」「愚鈍《ぐどん》の衆生」「愚悪の衆生」、さらに「一切苦悩の衆生海」とも「雑染堪忍《ぞうぜんかんにん》の群萌《ぐんもう》」ともいわれています。

これらのことばからも、親鸞が見つめていた人びとがどのような人びとであったかがわかります。これを、書きだしのことばによりながら、もう少し考えてみましょう。

「穢を捨て浄を欣い」。「穢」はふつうには「けがれ」を意味しますが、漢字自体の意味からいえば、「雑草が生《お》い茂っているさま」をあらわすものです。つまり、特に注目されることもなく、十把一《じゅっぱひと》からげのように考えられ、踏まれても切り倒されても顧みられない状態をさすことばです。逆にいえば、一回きりの、しかもこの世のどこにも同じものが決してない、その人独特の人生が貴重なこととして認められることのないことを意味します。これは痛ましく、悲しいことです。見つめられることもなく、見つめることもなく人生がただ過ぎていくことなど、どうして許すことができるでしょうか。

『大無量寿経』という経典には、この私たちの世界が悪業の火に焼かれ、燃えさかり、その中でだれもかれも焼き尽くされているさまが、まことに痛ましいと説かれております。まさに私たちは「穢土」に身を置くものです。そうであればこそ、私たちは自分の人生が雑草のごとく見捨てられ、踏みにじられて、果ては焼かれて終わることを乗り超えたいのです。焼かれ、痛々しいままで終わらせたくないのです。「ここに私の人生がある」ということを全身で表現したいのです。

『教行信証』の中で親鸞は二度までも「爰《ここ》に愚禿釈親鸞」と自ら名告《なの》ります。これは今日の表現でいえば、「ここに、確かに自分の人生がある。埋もれることもない自分自身がある」といってよいでしょう。親鸞はまた同じ『教行信証』の中で、燃えさかる我らの世界の中にあって、朽ちることのないものを自分自身として見いだすことができた、ともいいます。その意味でまことに、私たちは本能的に「穢を捨て浄を欣」って生きているのでしょう。ただ、どこに向かうなら、また、どうすれば「ここに、確かな自身の人生がある」といい切れるかわからないままに私たちは生きているのでしょう。

基本的人権ということばがありますが、これは人間が生きる場合の、どうしても満たされなければならない基本条件のことです。としますと、「ここに焼かれることのない自身の人生がある」という要求は、やはり人間の基本的人権といわなければならないでしょう。老・少・男・女を問わず、善人・悪人にかかわりなく、職業のいかんを問わず、人間であるかぎり、もっとも普遍的で根源的なものが「穢を捨て浄を欣」うことでしょう。

しかし現実は、人間が道具のようになったり、機械の部分のようにされたり、貝のように口を閉ざし、閉ざされたりして、文字どおり「雑染堪忍の群萌」になっております。

焼かれても踏まれても、十把一《じゅっぱひと》からげにされても、「堪忍」するほかないのでしょうか。

この世のことが「堪忍世界（耐えしのぶ世界）」といわれます。このことばは『西遊記』で有名な玄奘三蔵《げんじょうさんぞう》が作ったものです。インド人が「サハー」といってるものを、中国の人たちはその音を写して「娑婆《しゃば》」と訳していたのですが、玄奘はその意味をとって「堪忍」としたのです。そのもとになる「サハー」は「力で打ち勝った」ことを意味し、ですから当然「負けるもの」がありますから、負けたものは耐えるほかありません。つまり、この世界は「力がものをいう世界」ということです。

このように親鸞の『教行信証』は何をおいてもまず、「穢を捨て浄を欣」う私たちに向かって書かれたことが理解できます。これは同時に、人間の現実に深く根ざして『教行信証』が書かれていることを意味し、また親鸞の伝えた仏教が人間の深い要求を明らかにし、しかもその要求に応《こた》えるものであることを意味します。

さて、「穢を捨て浄を欣い」つつ、どこに向かうならこの要求が満たされるのでしょうか。ここに、行と信、つまり私たちの生活の仕方が問題になってきます。

親鸞はいいます。

弥陀《みだ》の五劫思惟《ごこうしゆい》の願《がん》をよくよく案ずれば、ひとえに親鸞一人《しんらんいちにん》がためなりけり。

（『歎異抄』聖典六四〇頁）

と。消えることのない一人《いちにん》が念仏によってある、と。埋もれることのない自身が念仏によって誕生する、と。

そして、この念仏の広くて深い意義が私たちにうなずかれるようにと、『教行信証』となってあらわれてきたのです。

人生の教行信証

穢を捨て浄を欣い、行に迷い信に惑い、心昏く識寡なく、悪重く障多きもの、特に如来の発遣を仰ぎ、必ず最勝の直道に帰して、専らこの行に奉え、ただこの信を崇めよ。（聖典一四九頁）

これは先回申しましたように、『教行信証』書きだしの中にあることばです。

今日は新宗教ブームといわれ、宗教産業、宗教商法ということばまで出てきている時代です。このことは何を意味するのでしょうか。いかにも深い不安の中に私たちがあることを示すのでしょう。
仏教が伝えたことばに「五つの怖畏《おそれ》（ふい）」ということがあります。
一、不活《ふかつ》のおそれ
食べていけないことに対する不安・おそれです。
二、死のおそれ
三、地獄におちるおそれ
このおそれは、身の置きどころがなくなるおそれです。針のムシロということばがありますが、どこにも自分自身のやすらぐ場所もないことです。今日では、このおそれがもっとも深刻といわなければなりません。
四、悪名のおそれ
これは悪い評判がでたり、悪く評価されることへのおそれです。学歴を競いあうというのも、このおそれにあたるのでしょう。
五、大衆威徳《だいしゅいとく》のおそれ
これは自分自身の意見なり意志を「みんな」の前に明らかにすることへのおそれで

す。今、「みんな」とあえていいましたのは、私たちは実体のない「みんな」におそれているからです。「みんながそうしているから」「みんながどういうかしら」と、いつも行動を起こすとき「みんな」を意識し、「みんな」を基準として考えます。これについてはいろんな理解があるでしょうが、仏教が伝えたことは、多くの人の前で自分自身を名告《なの》ったり、自分の立場をはっきりさせることは責任がともなうことを意味しますから、私たちは自分が問われたり自分が責められたりすることを、たいへんおそれていますから、できるだけそういう事態になることを避けるという意味で、おそれといわれてきたのです。したがって、私たちは「みんな」という不気味なものの中に隠れようとします。

これらの五つのおそれは、誰にとっても避けがたいことです。今日の宗教ブームといわれるものは、この五つのおそれが深く関係しているばかりでなく、今日の社会がこの五つのおそれをいよいよあおり立てるような社会になっているからにほかなりません。

そんな中にあって、私たちはこのおそれにつかまらないように、避けて通ることのできる道を探すような生き方になっていきます。そして、知らず知らずのうちに自分のことだけしか考えられないような生き方になっていきます。これは悲しいことです。親鸞はこの私たちの悲しい現実を、「行に迷い信に惑い、心昏く識寡なく」といいます。生まれてきて気がつけば、おそれで満ち満ちた世界であった。だから、おそれに見つからないように生きるということが「生きる」ということであるならば、人間の一生とはいったい何でしょうか。まことに「心昏く」といわざるをえません。未来へ向かう意欲が失われているからです。

ここに「教え」の問題があります。おそれの中にある私たちに対して、おそれを避ける道を示すことばがあり、またおそれを忘れる道を教えることばもあり、おそれを超える道を示すことばもあります。ですから、おそれの現実の中にあって、自らはどのような道を教えることばによるかによって、私たちの生き方が大きく変わります。

考えてみれば、私たちはことばの中に生まれ、ことばによって育てられ、ことばによって考え、ことばによってものを見ているのです。日本の近代における最初の国語辞書が『言海』と呼ばれておりますように、私たちは「ことばの大海原《おおうなばら》」にあるのでしょう。

たとえば、私たちは小さい頃から「嘘をついてはいけない」という、ことばで育ってきました。そして、そのことばを受け入れ、そのとおりであろうとして成長してきたのでしょう。この場合、「嘘をついてはいけない」ということばが「教」えであり、それを聞き入れたことが「信」ずることなのであり、それを守ることが「行」ずることなのです。そして、もしその結果、「正直者が馬鹿を見る」ということであるならば、それが「証」――あかし、ということになります。その意味では、私たちの人生そのものが、ひとつの「教行信証」になるのです。

いろんなことば、教えによりながら、私たちが悪戦苦闘しているさまが「行に迷《まど》い信に惑《まど》い」といわれ、その苦闘の結果は「心昏《くら》く識《さとり》寡《すく》なく」であり、「悪重く障《さわり》多き」現実は少しも変わることがない。これが私たちの「教行信証」の現実ではないのかと親鸞はいいます。

おそれをのがれるために、さまざまな教行によったけれども、いよいよ惑《まど》いを深め、雑染堪忍《ぞうぜんかんにん》の世界に深く埋もれ、「しようがない、所詮《しょせん》人生は」とうめかざるをえない私たちに向かって、親鸞も自らに得られた「教行信証」を書いたのです。おそれをのがれるために、かえって深いおそれにとらわれる愚悪な私たち。また、おそれをのがれるために、かえってまわりを踏みにじることになる愚痴な私たちに対して、念仏・往生の教えに真実の「教行信証」がそなわることを伝えようとして親鸞は『教行信証』を書いたといえましょう。

念仏往生の道

自身の一大事

親鸞の代表的著作『教行信証』は、自ら「愚禿《ぐとく》」と名告って、ほかならない「愚鈍・愚悪の衆生」のために書かれたものでした。そして、その姿勢はどの著作においても一貫しております。仏教者であれば当然のごとく思われますが、考えさせられます。晩年のお手紙の中の〝追申〟に次のようなことばがあります。

なにごともなにごとも、もうしつくしがたくそうろう。いのちそうらわば、またまたもうしそうろうべくそうろう。

（『血脈文集』聖典五九九頁）

と。また、八十三歳か八十四歳の時の著作と考えられる『一念多念文意』の最後に、このようなことばもあります。

いなかのひとびとの、文字《もんじ》のこころもしらず、あさましき、愚痴《ぐち》きわまりなきゆえに、やすくこころえさせんとて、おなじことを、とりかえしとりかえしかきつけたり。こころあらんひとは、おかしくおもうべし。あざけりをなすべし。しかれども、ひとのそしりをかえりみず、ひとすじにおろかなるひとびとを、こころえやすからんとてしるせるなり。（聖典五四六頁）

と。このように見ますと、親鸞は越後流罪以降、「いなかのひとびと」、それも、文字のこころも知らない愚痴な人びととねんごろにつきあい、ひとすじに念仏をすすめてこられたことがわかります。文字どおり、「愚者となりて」、民衆の中に、民衆の一人として、その生涯をつくした人が親鸞といえます。この親鸞の生き方は、決して念仏往生の道と別のことがらではないでしょう。

ここでしばらく、念仏往生の道についてたずねてみましょう。念仏といえば、今日の私たちはほとんど知っております。ナムアミダブツのことであり、呪文とまではいわないが、何か神秘的なことばであり、浄土真宗の儀式のおこなわれるところで口にされるものである、というくらいの理解はあります。しかし、法然・親鸞が弾圧されても、なお捨てることのなかったものが念仏であり、生命をかけて守りとおしたものが念仏であったと聞かされますと、私たちが漠然《ばくぜん》と知っている念仏と大きな隔《へだ》たりを感ぜざるをえません。

『歎異抄』第四条に、

今生《こんじょう》に、いかに、いとおし不便《ふびん》とおもうとも、存知《ぞんじ》のごとくたすけがたければ、この慈悲《じひ》始終なし。しかれば、念仏もうすのみぞ、すえとおりたる大慈悲心にてそうろうべきと云々

（聖典六二八頁）

とあり、念仏申すことが、「すえとおりたる大慈悲心」といわれております。

私たちの住むこの世は、愛・憎うずまく世界です。思いどおりにならずに我が身を呪い、この世をうらみ、どこにも愛情など感ぜられないと嘆くことに私たちはよく出会います。自分一人が取り残されたような心になったときなど、この世を非情なところだと感ぜざるをえません。

しかし、親鸞はいいます。「しかれば、念仏もうすのみぞ、すえとおりたる大慈悲心にてそうろうべき」と。この親鸞のことばは慰《なぐさ》めをいっているのではないでしょう。つまり、念仏を申して、やる方ない心をまぎらわし慰めることをすすめているのではないでしょう。ところが、長い間、私たちは念仏は慰めてくれるものと理解し、そしていつの間にか、どうせこの世はそういうところだとあきらめに至っていたのではないでしょうか。ですから、念仏は今日の私たちには、慰め、あきらめの法と受け取られているといっていいでしょう。

どうしてそうなってしまったのでしょうか。それは、念仏が「あの世」のもの、「あの世」のことをあらわすものとなってしまったからです。「この世」のこと、「この世」のものが思いどおりにいかないから、「あの世」のこと、「あの世」のものをもって、「この世」のどうしようもないことを慰めることとして、念仏が受け取られたからにほかなりません。

念仏は何をおいてもまず、仏陀《ぶつだ》の法です。「あの世」のことではありません。仏陀とは私たちを教化しさとらしめるという意味であり、念仏は私たちが教化をうけ、さとらしめられる法を意味するのです。私たちが念仏をもって、慰めあきらめのことと受け取っているところには、私たちが教化を受けるということが欠けております。ですから、私たち自身が明らかにされず、漠然としたままに残ります。

私たちの念仏は、はっきりしないままの自分を残してしまうのです。これは、きわめて重要なことです。「私が」「自分が」「おれが」と自分自身を生きながら、はっきりしない自分を残していくとするなら、誰が生きたのであろうか。生きた本人は誰なのだろうか、あたかも、正体を失った酔っぱらいのようなものです。親鸞はこのような状態を「無明《むみょう》のえい《（酔）》」（『御消息集（広本）』聖典（五六一頁）といいます。ところが私たちは、本人を失って生きていることに痛みを感ずるよりは、自分の持ち物を失ったときに激しい痛みを感ずるものです。

ですから、酔っぱらって正体を失っているという自覚症状はありません。したがって、それが一大事であるとは思いようもありません。この一大事は、教えられなければ知りようがありません。親鸞・法然がすすめられた念仏とは、この自身の一大事をこそ教え、そして正体不明の自身を業の身として明らかにし、如来の身と等しいものであることを知らせたものだったのです。

すすめられ教えられ

もとは、無明《むみょう》のさけにえい《（酔）》ふして、貪欲《とんよく》・瞋恚《しんに》・愚痴《ぐち》の三毒《さんどく》をのみ、このみめしおう《（合）》てそうらいつるに、仏《ぶつ》の御《おん》ちかいをききはじめしより、無明のえい《（酔）》も、ようようすこしずつさめ、三毒《さんどく》をもすこしずつこのまずして、阿弥陀仏《あみだぶつ》のくすりをつねにこのみめす身《み》となりておわしましおう《（合）》てそうろうぞかし。

（『御消息集（広本）』聖典五六一頁）

煩悩具足《ぼんのうぐそく》の身《み》なれば、こころにもまかせ、身《み》にもすまじきことをもゆるし、口《くち》にもいうまじきことをもゆるし、こころにもおもうまじきことをもゆるして、いかにもこころのままにあるべしともうしおう(合)てそうろうらんこそ、かえすがえす不《ふ》便《びん》におぼえそうらえ。　（同右）

これは親鸞八十歳の時のお手紙の一節です。

先回、私たちは正体を失った酔っぱらいのようなものではないのか。自分自身を失って、「自分が」「私こそが」といい続け、正体不明の自分のやることが思いどおりにいかないといって、念仏をもって慰めとしているのではないかと申しました。

念仏は仏陀の法であり、私たちを教化しさとらしめるものです。私たちが一大事をもったものであることを教えるものです。一大事であったからこそ、法然・親鸞は弾圧にあおうとも念仏を止めなかったのです。そしてこの一大事は、教えられてはじめて一大事として知られるものです。

先の親鸞のお手紙にありましたように、私たちの関心は「身《み》・口《くち》・意《こころ》」の三つのはたらきが、思うとおりになることであって、そのとおりにならないときは限りなく悲しくなるのです。そして、限りなく悲しいことこそ一大事のように思われます。ここに、私たちの現実があります。親鸞はこの現実を百も承知していたのです。なぜなら、親鸞自身もその現実を生きていたからです。法然上人にしてもまったく同じことです。ただ違ったことは、教えられてはじめて自分自身のところに一大事があったことを知らされたことです。

功を遂げ、名を成すことが生きる目標ではなかった、思うさまになっていくことが人生の関心事ではなかった。焼かれもしない、朽ちることもない自分自身を見い出すことこそが一大事であったと知られ、そこに、はかりしれない愛情を感知されたのが親鸞・法然であったのでしょう。

悲しいから、苦しいから念仏するのではない。どうしようもないといって念仏するのではない。真実なるものがここに見つかりました、という叫びこそ念仏です。自身の獲得をほめたたえることが念仏です。一大事を成し遂げた晴ればれしたものが念仏です。しかも、この一大事を成すということは「すすめられ、教えられ」てはじめてありえたことです。このことを親鸞は「念仏もうすのみぞ、すえとおりたる大慈悲心にてそうろうべき」といわれたのでしょう。この苦悩多き、一瞬たりとも安《やす》んずることのできない世界にあって、その世界のはじめより、地下水のごとく、私たちの苦悩に寄り添いながら「すすめられ、教えられ」ているものが貫いていることをのべられたのでしょう。

念仏申す、と聞きますと、ふつう私たちは個人的なことと考えます。しかし、親鸞はそういってはいません。たとえ個人的関心から念仏申すということがあっても、念仏申すということが起こることは、愛情をもって貫かれた歴史があってのことであると。この世に寄り添いながら、この世を貫いている愛情を体とする歴史があって、はじめて私たちに念仏申すことが起こるのです。私たちに「すすめ、教え」ようとする、末《すえ》とおる愛の歴史を親鸞は「浄土の真宗」と呼んだのです。

私たちはどこまでも個人的に生きます。ときには、ちっぽけで、いつのまにか消えて、忘れさられる情けないものと考えるほど、私たちは個人的に生きているものです。その個人的関心に生き、個人的事情に終始する私たちに、この世を貫く広大で、まことに深い愛の歴史に出会い、その歴史の中の一人と位置づけられることが、念仏申すということなのです。念仏申すことは、精神的に楽になることだけを意味するものではありません。何が来ても驚かないようになることではありません。個人的な事情で終始している私たち、小さな刺激物によって揺れ動く、うつろいやすい心を相手にして日暮らしをしている私たちが、広大で甚深《じんじん》な愛の歴史の中にいるものであるとの目覚めを得ることが、念仏申すことであるのです。親鸞はこのことを「正定聚《しょうじょうじゅ》の機《き》」と表現します。

念仏申すことは、あきらめ、慰めに至ることではない、「正定聚の機」に至ることです。正定聚とは、正しく定まった聚《あつま》りということばですが、意味するところは、仏・法・僧の三宝が円満している大会衆《だいえしゅ》、つまり、あつまりのことです。そうしますと、この「正定聚の機」ということであらわされることは、「仏陀の弟子となる」ということです。

個人的感情で右往左往し、個人的事情で多くの人たちをも苦しめかねない私たちに、「仏陀の弟子」というかつてなかった自己認識が開かれるのです。これは、個人のところで終始する私たちにまったく新たな道が開かれたことを意味し、仏陀の弟子という課題を生きる者となることを意味します。念仏申すとは、まったく人生の大事件といってよいでしょう。

三宝の歴史

弥陀《みだ》の本願まことにおわしまさば、釈尊の説教、虚言《きょごん》なるべからず。仏説まことにおわしまさば、善導《ぜんどう》の御釈《おんしゃく》、虚言《きょごん》したまうべからず。善導の御釈まことならば、法然のおおせそらごとならんや。法然のおおせまことならば、親鸞《しんらん》がもうすむね、またもって、むなしかるべからずそうろうか。（聖典六二七頁）

これは『歎異抄』第二条のことばです。これによって親鸞は「浄土の真宗」をのべているのです。念仏と、念仏を教えすすめてきた歴史をのべられたのです。

弥陀の本願とは、念仏は仏陀の法であることをあらわすものであり、釈尊の説教とは、この念仏の法こそ私たちの成し遂げねばならない一大事にかかわるものであることを教えるものであり、善導の御釈、法然のおおせとは、弥陀・釈迦二尊の教えに帰《き》して朽ちはてることのない自身に目覚め、他の人びとに念仏をすすめてきた人を意味します。つまり、これらのことばは仏・法・僧の三つの宝が現実となってこの世を貫いてきていることを述べたものです。

親鸞はこの世を貫いている三宝《さんぼう》の歴史を「浄土真宗」と呼んだのです。今日、私たちが理解している「浄土真宗」は宗派の名前になっていますが、親鸞がいう「浄土真宗」は仏の法が文字どおり人々を教化しさとらしめている歴史的事実をさすのです。としますと、私たちに疑問が生じてきます。浄土真宗ばかりが仏教ではあるまい、と。そのとおりです。仏教各宗があり、それぞれに人びとを教化しさとらしめることを旨《むね》として現にあります。その意味では優劣を問う必要はありません。

善導・法然・親鸞もこれと同じ問題にぶつかりました。そして、他の宗との違いを立てられました。その違いをもっともはっきり示すことが「念仏と信心」だったのです。とりわけ、「信心」です。別の言い方をすれば、「だれが、どのようにして、たすかるのか」ということの上にもっともその違い目ができます。親鸞にこの違い目をよくあらわす次のようなことばがあります。親鸞八十三歳の時の手紙の一節です。

第十八の本願成就《じょうじゅ》のゆえに、阿弥陀如来とならせたまいて、不可思議の利益《りやく》きわまりましまさぬ御かたちを、天親菩薩《てんじんぼさつ》は尽十方無碍光如来《じんじっぽうむげこうにょらい》とあらわしたまえり。このゆえに、よきあしき人をきらわず、煩悩《ぼんのう》のこころをえらばずへだてずして、往生はかならずするなりとしるべしとなり。

(『血脈文集』聖典五九四—五頁)

と。

ふつう仏教をあらわす代表的なものとして、「七仏通誡偈《しちぶつつうかいげ》」といわれるものがあります。

諸悪莫作《しょあくまくさ》……もろもろの悪を作《な》すなかれ
衆善奉行《しゅぜんぶぎょう》……もろもろの善は行じたてまつれ

自浄其意《じじようごい》……自らその意を浄《きよ》めよ
是諸仏教《ぜしよ》……これが諸仏の教えである

といわれるものです。簡単にいえば、悪を離れ、善を作《な》し、煩悩の意《こころ》を浄《きよ》めなさい、これが仏教である、ということになります。ところが先の親鸞のことばは、この諸仏の教えといささか違っております。

「悪を離れ、善を作せ」ということについては、「よきあしき人をきらわず」といって、善を作《な》すものでなければ駄目であるとはいっておりません。「煩悩の意《こころ》を浄めなさい」については「煩悩のこころをえらばずへだてずして」とあって、煩悩を嫌い、どうかしなければならないものともいっておりません。善を作さず、煩悩のこころを対治《たいじ》もしないことは、ふつうにいえば仏教に背《そむ》くことを意味するのですが、親鸞ははっきりと「往生はかならずするなり」といい切っています。往生するとは、仏のさとりをうることです。

法然・親鸞は、仏教各宗さまざまあるけれども、もとづく原理的なことをいえば、「七仏通誡偈」のことがらに帰する、と理解されたと考えられます。もしそうであれば、不本意な悪に泣き、燃えさかる煩悩に悩むものには仏教は無縁となるであろう。行《ぎょう》らしい行もできず、身にふりまわされ、まったく個人的な感情に支配され、個人的事情を生きるものには、仏陀の道は、はるかな高嶺《たかね》の花に等しいものとなるでしょう。

法然上人と苦界《くがい》に身を沈めた女性との問答が伝えられておりますが、苦界にある女性は貧しさゆえに、家族のためゆえに、まったく不本意な生活を強《し》いられたのであって、もしその生活全体が悪業・煩悩といわれれば、まったく救いがないであろう。そのことを我が身の罪業と嘆いたところで、ただ悲しみを増すばかりである。そういう女性が、それでもたすかる道があるかと法然に問うたところが、法然は「念仏申しなさい」とこたえられた、というエピソードが伝わっております。

このエピソードこそ、親鸞がいう「よきあしき人をきらわず、煩悩のこころをえらばずへだてずして、往生はかならずするなり」のことばの意味をよくあらわしたものです。ここに、だれが仏のさとりを得るのかといえば、すべての悪業・煩悩の中にいる悪人である、といわなければなりません。なぜそういえるのかといえば、仏陀よりおこった念仏の法によるからである。では、悪人が念仏の法によってさとりを開くというが、証拠はどこにあるのか、単なる気休めごとではないのか、というならば、その証拠こそ、信心にあるといわなければなりません。この念仏と信心によってこそ、仏教は民衆の中に仏・法・僧の三宝の歴史を形成しえたのです。親鸞も法然も、この念仏と信心とによって民衆の中に生まれたのです。

自身への目覚め

すべて、よきひと、あしきひと、とうときひと、いやしきひとを、無碍光仏《むげこうぶつ》の御《おん》ちかいには、きらわず、えらばれず、これをみちびきたまうをさきとし、むねとするなり。真実信心をうれば実報土《じっぽうど》にうまるとおしえたまえるを、浄土真宗の正《しょう》意《い》とすとしるべしとなり。

（『唯信鈔文意』聖典五五二頁）

これは、親鸞七十八歳の時のことばです。ここには浄土真宗のかなめが述べられています。要をとっていえば、善悪・貴賤《きせん》にかかわりなく、念仏して信心をうれば浄土に生まれることが浄土真宗である、ということになります。

しかし、今日の私たちは「念仏」も「信心」も「浄土」も、ことばとしては知っているのですが、さて、自分の生活とはどんな関係になるのであろうかと考えてみると、はなはだ不明瞭であるといわなければなりません。

まず、念仏から考えてみましょう。

親鸞の時代にも念仏についてはいろんな捉《とら》え方が横行しました。その代表が、念仏は声に出して称えるものであるから数が多いほうがよい、いや、一度でよいのだ、という一念・多念のあらそいです。京都の市内の地名に「百万遍《ひやくまんべん》」とありますが、これは念仏の数から由来したものでしょう。このほかに、念仏には不可思議なはたらきがあって、どのような悪も障《さわ》りとしないから、すすんで悪をなす、という念仏の捉え方がありました。あるいは、念仏は我らの心をしずめ、仏に遇うための精神集中の方法だと考えた人たちもありました。

どうして、このような理解が念仏から生ずるのでしょうか。

それはまず、念仏を善なるもの、不可思議なものとして受けとることから起こります。念仏は善なるものであるから、それを口や心で称えれば、きっといいことになるに違いないという領解です。これは、念仏を行や善と見る立場です。

これに対して親鸞はいいます。

念仏は行者のために、非行非善なり。わがはからいにて行ずるにあらざれば、非行という。わがはからいにてつくる善にもあらざれば、非善という。ひとえに他力にして、自力をはなれたるゆえに、行者のためには非行非善なり（聖典六二九頁）

と。『歎異抄』第八条のことばです。

また、念仏の数を問題にする人たちに対して親鸞は、一念・多念についてさまざまに述べて、

おもうようにはもうしあらわさねども、これにて、一念・多念のあらそい、ある

まじきことは、おしはからせたまうべし。浄土真宗《じょうどしんしゅう》のならいには、念仏往生ともうすなり。まったく、一念往生・多念往生ともうすことなし。これにてしらせたまうべし。

（『一念多念文意』聖典五四五—六頁）

と結んでおられます。

先にいいました、さまざまな念仏理解に共通しておりますことは、念仏を役立つもの、役立つ方法と考えているということです。この理解では、念仏はどうしても手段になります。手段がいけないというのではありません。ふつうにいえば、行は目的に至る方法であり、手だてですから、決して悪いことではありません。親鸞がいうのは手段だから悪いというのではなく、念仏はもともと手段・方法という意味で行ではないのだといわれるのです。つまり、数多く声に出し、くちびるを動かしたから行というのではない。念仏は精神を集中させるから行というのではない。念仏は私たちを教化し、さとらしめるから行というのだといわれるのです。

私たちはまた、念仏に関して、本当の念仏だとか、空《から》念仏だとかといいます。これなども、念仏を称えるものの心や行動を問題にするから出てくるのです。よい人だといわれる人が念仏するから、その人の念仏は本当であり、日ごろ悪《あ》しざまなことをしている人が申す念仏はうそだと、私たちはいおうとします。どこまでも、私たちの判断を中心に念仏まで考えようというのです。

念仏は仏陀がすすめられる、仏陀の法です。仏陀の法という意味は、目覚めをいうのです。何に目覚めるのかといえば、自分自身がこの世の迷いの業の象徴であることに気づくことです。目先が変わって、いろいろありそうであるが、どこまでいっても迷いの業の身は変わることがない、という自分自身への目覚めです。我もひとも、同じく、この迷いの業の身を我が身として生きているのです。この自身への目覚めが私たちに開かれるところに念仏申すということがあります。

親鸞に、南無阿弥陀仏の六字についての解釈があります。その中で、南無阿弥陀仏の南無は「本願招喚《ほんがんしょうかん》の勅命なり」（『教行信証』聖典一七七頁）といわれ、阿弥陀仏については私たちを教化しさとらしめるはたらきそのものだといわれます。ここでいわれる「勅命《ちょくめい》」とは、有無をいわさぬ命令のことですが、別にそういう命令が如来より下るという意味ではなく、自分自身が迷いの業の身だという目覚めは、まったく否定することのできない、いってみれば、有無をいわせないほどに真実なものであって、あたかも勅命を受けたようなものだ、という意味です。

このように見てきますと、念仏とは私たちが何かのために行う行《ぎょう》ではなく、はからずも疑いようのない自分自身に目覚めるという信心が生ずることであった。くちびるを動かすから行ではなかった。真実の自身への目覚め、信心が生ずるから行であったのです。何かをするから行ではなく、自身のところに変革が生ずる意味で念仏は行であります。

業の身を生きる

念仏は私たちが称えるから行というのではありません。だれが称えても行ではありません。そして、さらにだれがどのように称えたとしても、その念仏にはどんな違いもないのです。

ところが私たちは、だれがどのようにということにとらわれるのです。高い知識のある人が心しずかに念仏しておられると聞くと、尊く思われ、田舎のおばあさんが愚痴の合間《あいま》合間《あいま》に念仏を申しているのを見ると、うらめしい念仏と思いがちです。これはすべて、「だれがどのように」ということにこだわるからです。ここから私たちは逃がれられないのです。

「だれ」がということは、どのような人がということであり、そこには、貴・賤、老・少、男・女、善・悪、地位、肩書き、家柄まで出てきます。しかも、それに対して、優・劣、良し・悪しをもって、「だれが」という「だれ」をはかっていくのです。

また、「どのようにして」という場合には、一生懸命であるとか、習慣的であるとか、感情的とか理知的とかといった判断が加わります。このような「いかなる人がどのように」というものの捉え方は、別に念仏についてばかりではありません。私たちはどのような場合も「だれがどのようにして」という枠をもって、人をも自分をも判断しています。悲しいことに私たちは、このような外側の枠でしか人間が捉えられないのです。

親鸞に、

うみかわに、あみをひき、つりをして、世をわたるものも、野やまに、ししをかり、とりをとりて、いのちをつぐともがらも、あきないをもし、田畠《でんぱく》をつくりてすぐるひとも、ただおなじことなり

（『歎異抄』聖典六三四頁）

ということばがありますが、だれがどのようにして生きようとも、「ただおなじことなり」といわれております。

親鸞は何をもって「ただおなじこと」といわれたのでしょうか。「世をわたるもの」「いのちをつ（な）ぐともがら」「（世を）すぐる」もの、これらはすべて生活者のことをいわれたものです。それも、身をもっていることを真っ正直に生きるもののことをいわれたのです。

以前にもふれましたが、身をもつとは食べつづけることです、食べつづけて生命をつなぐことです。その身を真っ正直に生きている人びと、いわゆる生活者のことであり、だれもかれも、この業の身を生きていることではまったく同じことだといわれる

のでしょう。

先の親鸞のことばの中には、公家や武士たちのことが出てきておりませんが、あえて取り上げなかったのかもしれません。といいますのは、公家たちは業の身を生きていながら「いのちをつ（な）ぐ」という切実さもなく、もまれながら、流されながら「世をわたる」実感もなく、かえって赤裸々《せきらら》に業の身を生きる人たちを愚痴、愚鈍とさげすんでいたと思われるからです。赤裸々に業の身を生きるとは、直接に、痛さ、つらさ、みじめさ、悲しさを感じて生きることにほかなりません。恐れ、不安は申すまでもありません。

この赤裸々な業の身を我が身として生きて、それを隠しようも防ぎようもない人びとが親鸞にはよく見えていたのでしょう。それは親鸞には業の身を生きるとは、まったく隠しようもなく、防ぎようのないことが真実だと領解されていたからに違いありません。ですから、たとえ知識があっても、財力があっても、能力があっても、業の身の事実は防ぎようがないのであって、もしあると考えている人たちがあるとすれば、それはごまかしているにすぎない、と映っていたに違いありません。食べつづけなければ生きられない身、性による愛や憎しみをくりかえす身、老・病・死をもつ身、はずみでどのようにでもなる身、このような身を何をもって防ぎ、隠すことができましょうか。

もちろん、念仏は防いだり隠したりするものではありませんし、また、そんなことができるはずのものでもありません。あるいは念仏を申して、業の身を忘れはてて離れることが念仏申すことでもありません。むしろ逆です。何をもってしても、防ぐことも隠すことも、離れることなどできないと知らされることです。

迷いの業の身に法が、つまり必然の道理が見い出されることが念仏申すことです。いってみれば、迷いの業の身は、昨日・今日よりはじまった迷いの身ではなく、迷うべく業を重ねてきた身であって、必然の道理があって迷っていることに目覚めることです。この必然の道理、つまり、法にふれることが念仏申すことなのです。

法にふれるといいましても、勝手にふれるものではありません。法が法みずからをあらわして、私たちに法を知らせるのです。この消息を親鸞は次のように伝えています。

宝海ともうすは、よろずの衆生《しゅじょう》をきらわず、さわりなく、へだてず、みちびきたまうを、大海のみずのへだてなきにたとえたまえるなり。この一如宝海《いちにょほうかい》よりかたちをあらわして、法蔵菩薩《ほうぞうぼさつ》となのりたまいて、無碍《むげ》のちかいをおこしたまうをたねとして、阿弥陀仏《あみだぶつ》と、なりたまうがゆえに、報身如来《ほうじんにょらい》ともうすなり。

（『一念多念文意』聖典五四三頁）

と。

念仏は、「だれがどのようにして」と私たちが判断し計《はか》らうまえに、すでに法の宝の海より私たちに法をさとらしめようとして、阿弥陀仏と名告って、この法に目覚めよと、私たちにすすめられているものなのです。まことに、念仏は私たちの計らいによって行ずるものではないのです。如来の法であり、如来のすすめなのであります。

念仏のえらび

親鸞におきては、ただ念仏して、弥陀《みだ》にたすけられまいらすべしと、よきひとのおおせをかぶ（蒙）りて、信ずるほかに別の子細《しさい》なきなり。　（『歎異抄』聖典六二七頁）

親鸞は「ただ念仏」といわれます。そして「ただ」とは「唯」ということであり、このことひとつ、ふたつ並べることを嫌うことばです。選択を意味します。無量の教え・行の中より念仏ひとつを選んだ、という意味です。

よく、念仏は易行《いぎょう》、やさしい簡単な行であるといわれます。行といえないほど易しいといわれます。この場合には次のようなことが含まれています。つまり、念仏は行としてたいへん易しいから、当然、得られる結果、さとりは程度の低いものである、と。だれでもできる簡単な行によってえられるさとりは高いものであるはずがないという判断が入っているのです。念仏は仏教の歴史の中で絶えずそういう評価を受けてきたのです。この判断・評価が長らく念仏者を日陰者《ひかげもの》にしてきたのです。

つまり、本当に行ずるとすれば、難しい行をしなければならないのであるが、自分ごときものではとうていおよばない、だから、せめて念仏でも申して善根功徳《ぜんごんくどく》を積む足《た》しにでもさせてもらいます、という日陰者に念仏者をしてきたのも、この念仏は易行であるという理解です。

煩悩具足《ぼんのうぐそく》のわれらは、いずれの行《ぎょう》にても、生死《しょうじ》をはなるることあるべからざるをあわれみたまいて、願《がん》をおこしたまう本意《ほんい》、悪人成仏《あくにんじょうぶつ》のためなれば、他力をたのみたてまつる悪人、もっとも往生の正因《しょういん》なり。（『歎異抄』聖典六二七―八頁）

このことばの前半を読みますと、いずれの行も難しくて行らしいことができない、だから念仏しかできないのだ、と日陰者になりがちです。しかし、よく読みますと、行ができるできないの問題ではなく、生死を離れることができない身であることが問題なのが理解できます。

同じ『歎異抄』第二条でも、「いずれの行もおよびがたき身なれば、とても地獄は一定《いちじょう》すみかぞかし」（聖典六二七頁）といわれておりますが、これも、行ができるできないの問題ではなくて、どのような行をもってしても、老・病・死をもつ身、愛憎に右往左往する身、食べるために苦労せざるをえない身から楽になることができないほど、深い迷いの身を生きていることが問題だ、という意味です。

ついには身にひきずられ、身を歎《なげ》かざるをえないものをあわれんで、仏と成らしめようとして念仏がたてられた、というのが先の『歎異抄』第三条の後半のことばです。

念仏は成仏の法なのです。また、仏よりたてられた行なのです。ですから、念仏という行は私たちが唇を動かしたからといって行とならないのです。そこに求められているものは、念仏は仏の行であるといううなずきです。つまり、信心が求められているのです。念仏は、する・しない、できる・できないの問題ではなく、仏の法・仏の行であるとうなずけるかどうかが要《かなめ》なのです。

「弥陀《みだ》の本願には老少善悪《ろうしょうぜんあく》のひとをえらばれず。ただ信心を要《よう》とするべし」

（『歎異抄』聖典六二六頁）と親鸞はいいます。これによって、念仏と信心が切れない関係にあることが示されます。念仏を離れた信心はありませんし、また、信心を抜きにした念仏もありません。もし、念仏を離れた信心があるとすれば、宗教心一般のことであり、また、信心を離れた念仏は呪文とあまり変わらないものになります。

先に、念仏は成仏の法、仏の行であることにうなずくことが信心だと申しましたが、しかし、このうなずくことが大変なのです。「極難信《ごくなんしん》」といわれたり、「難の中の難、これに過ぎたるはなし」ともいわれています。なぜ難信といわれるのでしょうか。それは、口にすればわずかに六字の名号であり、唇を動かすことでいつでも可能な念仏が、どうしてこの罪業深いわれらをたすけることができようかという、まことに深い疑いがあるからです。

念仏は気やすめの行だといえばうなずくこともできようが、成仏の法だといわれれば、ちょっと待ってください、考えさせてください、ということになります。この「ちょっと待ってください」ということが実は疑いを意味しているのです。我が身のことを想えば想うほど、念仏ごときものでたすかるとはとうてい思えない、ということとが疑いの心であり、そしてこの心が念仏を成仏の法とうなずかせないのです。この疑いの心は一見、念仏を疑っているようですが、実は自分自身への疑いなのです。自分自身がはっきりしないのです。

それが、迷うべくして迷いつづける必然の法、必然の道理に出会って、「いずれの行もおよびがたき身なれば、とても地獄は一定すみか」の自身に深くうなずけることが信心なのです。「地獄は一定すみか」と自身が教化され、自身をさとらしめられたのです。まさに仏の行です。なぜなら、仏陀の行とは衆生を教化しさとらしめることをいうからです。実に念仏は疑う心をひるがえして、自身を深く信知せしめる意味で大行《だいぎょう》といわれるのです。

仏陀との出会い

念仏成仏《じょうぶつ》これ真宗

万行諸善《まんぎょうしょぜん》これ仮門《けもん》
権実真仮《ごんじつしんけ》をわかずして
自然《じねん》の浄土《じょうど》をえぞしらぬ
（聖典四八五頁）

親鸞の『浄土和讃』の中の一首です。

このあいだから、念仏についてたずねてまいりました。現代の私たちには念仏はたいへん卑近《ひきん》であり、日常生活の中にまで入っておりますので、念仏を聞いても、念仏を申しても、さして驚くほどの感激はありません。しかし、親鸞は念仏は成仏の法だといわれます。成仏といいましても、今日の私たちの常識がいうところの死を意味しません。成仏が死と混同されるようになったのには理由があります。それは釈迦如来の死が涅槃《ねはん》といわれ、その涅槃が仏陀のさとりをあらわすことから、釈迦如来の死にからんで、いつのまにか成仏が死と混同されるようになったと考えられます。

しかし、釈迦如来の死は生命のおわりを意味するのではなく、仏道の完成・円満をあらわしますから、単なる死ではありません。ですから、成仏とは仏道の完成・円満をさし、親鸞は念仏によって、その成仏が得られるというのです。

浄土の真実信心《しんじつしんじん》の人は、この身《み》こそあさましき不浄造悪《ふじょうぞうあく》の身《み》なれども、心はすでに如来《にょらい》とひとしければ、如来《にょらい》と申すこともあるべしとしらせ給え。

（『御消息集（善性本）』聖典五九一頁）

親鸞八十五歳の時の手紙の一節です。だれが如来と等しいのかといえば、不浄造悪の凡夫だといわれております。

しかし、これは、にわかに私たちに受けとれるものではありません。私たちの考えでは、学識も豊かで厳しい修行に耐えた者が仏と成る、如来と等しいといわれれば、ありうることだとうなずくことができますが、不浄造悪の凡夫が念仏して如来と等しいといわれても、戸惑《とまど》うだけですし、如来まで低いものに思われてまいります。

なぜ、そうなるかと申しますと、私たちにすでに仏とか如来といったことについて予定・予想があるからです。釈迦如来をモデルと考えますと、仏陀とは人格高潔で、あらゆる煩悩を離れており、愚痴がまったくない智慧すぐれたものでなければならず、我欲・我執を離れた慈悲ぶかい方でなければなりません。

こういう予想・予定からいけば、私たちはまったく仏陀よりかけ離れた、遠く隔たったものと判断せざるをえません。成仏するなどとは想いもよりません。また、私たちの仏さまについての予想・予定の中には、何か知られないけれども大きくて尊いものがあって、私たちが頼めば、祈れば応えてくださるものという漠然とした期待があります。この場合の仏陀は私たちをたすけてくださる方ですので、そういう仏陀になるということも考えられないことです。そうしますと、私たちの予想・予定では、いずれの場合も成仏ということは考えられないのです。

ここで大切なことは、私たちがすでに仏陀について予想・予定をたてていて、その予想・予定を正しいこととしていて、一度も疑ったことがないということです。ですから、もし、私たちが仏陀を予想・予定の中で考え、信ずるということがあったとしましても、それは仏陀を信じたのではなくて、予想・予定を信じたことになります。

よくよく考えてみれば、私たちは仏陀を知らないのです。お会いしたことがないのです。それにもかかわらず、知っているかのごとくに予想しているにすぎないのです。

では、親鸞はどのように仏陀を受けとっていらっしゃるのでしょうか。私たちがよく知っていることからいえば、「正信偈」のはじめに、その答えがあります。

無量寿《むりょうじゅ》如来に帰命《きみょう》し、不可思議《ふかしぎ》光に南無《なむ》したてまつる。(『教行信証』聖典二〇四頁)

と。仏陀とは無量寿如来、不可思議光如来のことだと親鸞はいいます。昔からのことばでいえば、光明《こうみょう》無量・寿命《じゅみょう》無量が仏陀であるといわれております。

しかし、ここで注意しておかなければならないことがあります。それは「限りない光と生命をもつものが仏陀であって、そのような仏陀がどこかにいらっしゃる」という理解がされてはならないということです。そうであれば、先にいいましたような予想・予定になってしまうからです。限りない光と生命が意味することは、次のようなことです。

限りない光とは、仏陀の教化のいたらぬところがないことを意味し、その教化からもれるものが一人もないことを指すのです。ですから、私たちが仏陀を限りない光というときには、この自分が何をおいてもまず、教化されたということがなければなりません。次に限りない生命とは、私たち衆生がいつ生まれたとしても、仏陀とお会いできることを意味するのです。これは、釈迦如来のことを考えればよくわかることです。

つまり、釈迦如来は特定の場所で、特定の時間だけを生きられた方であって、違う場所、違う時に生まれたものは、お会いすることができません。ですから、仏陀のことを限りなき生命というのは、仏陀の生命の大きさをあらわすのではなくて、私たちがいつ、どこに生まれても仏陀にお会いできることをあらわすからです。したがって、私たちが仏陀を限りなき生命と呼ぶときには、まずこの身が仏陀にお会いできたということがなければなりません。そして、仏陀にお会いできたことで、仏陀となることが確信できるのです。それを親鸞は「念仏成仏《じょうぶつ》これ真宗」といわれたのです。

知らされて知る

仏陀からこの身が教化をうけ、仏陀にお会いし、仏陀から仏陀となる確信を獲得しましたというのが、親鸞の「帰命無量寿如来、南無不可思議光」という「正信偈」の冒頭の意味であると先回申しました。

親鸞のこの表現は決して、仏陀を予想し予定したのではありません。仏陀に何かを期待したものでもありません。また、理想的なものとして遠く向こうに仏陀を立てて、一歩ずつ近づいていくことでもありません。逆です。まず、何をおいてもこの身を明らかにするものが仏陀です。「我が身が、我が身が」といって生きている土台ともいうべきこの身が、いかなるあり方をしているかを私たち自身に知らせるものです。ここに自覚が生じます。この自覚を親鸞は信心というのです。

ふつう、自覚というと自分で自分を知ることのように思いますが、知らされてはじめて知られることをいうのです。しかし、私たちは自分のことならば知らされなくとも、自分が一番よく知っているように考えています。ところが、何かあれば必ずといってよいほど「どうして、なぜ」「なぜ、この私がこんな目に会うのか」と叫びます。これは、いかに私たちが自分について深い夢を見ており、その夢みられた自分を自分のことだと考え違いをしていることを教えてくれます。そして、「どうして、なぜ」と叫ぶときには、自分のつもり、計画・夢がどこまでも主人公になっていて、身がいつのまにか道具になってしまっているのです。つもり、計画・夢を実現する道具、手段に、身がおとしめられているのです。

生まれたものが身であり、いろんな出来事に出会っていくのも身であり、死するのも身です。その身をあたかも自由に操《あやつ》れるかのごとくに考えているのが私たちの知っている自分なのです。しかし、この身は迷いの業の身であり、計らい・計画どおりにならないものです。このことを源信僧都《げんしんそうず》は見事にいいあてています。

我等《われら》頭《こうべ》には霜雪《そうせつ》を戴《いただ》きて、心俗塵《こころぞくじん》に染《そ》まば、一生は尽くといえども、希望は尽きず

（『往生要集』）

と。要をとっていえば、髪の毛が白くなっていても、なお名利《みょうり》を求めつづけているとするなら、生命が終わっても、夢を追いかける妄執《もうしゅう》の心だけは残って死にきれない、という意味でしょう。いかに私たちが夢みる存在であるかを示されたことばです。それほど、私たちは身を忘れて生きているのです。

自分の描いた夢や、つもりだけを知っていて、迷いの業の身を知ることができないのです。この身が迷いの業の身であることは知らされなければ知られないのです。そして、知らされてみれば、この身は、計らい・計画・夢を超えた自然《じねん》の法であったと受けとめられます。自然の法がこの身が自然であることを知らせるのです。この目覚めによって、はからずも、私たちは自我の妄執から解放されることになります。

親鸞八十六歳のときのことばがあります。

> 自然《じねん》というは、もとよりしからしむということばなり。弥陀仏《みだぶつ》の御《おん》ちかいの、もとより行者《ぎょうじゃ》のはからいにあらずして、南無阿弥陀仏《なむあみだぶつ》とたのませたまいて、むかえんとはからわせたまいたるによりて、行者《ぎょうじゃ》のよからんともあしからんともおもわ

ぬを、自然《じねん》とはもうすぞときて候う。ちかいのようは、無上仏《むじょうぶつ》にならしめんとちかいたまえるなり。無上仏《むじょうぶつ》ともうすはかたちもなくまします。かたちのましまさぬゆえに、自然《じねん》とはもうすなり。かたちましますとしめすときには、無上涅槃《むじょうねはん》とはもうさず。かたちもましまさぬようをしらせんとて、はじめて弥陀仏《みだぶつ》とぞきならいて候う。みだ仏《ぶつ》は、自然《じねん》のようをしらせんりょう(料)なり。

(『末燈鈔』聖典六〇二頁)

計らいで身うごきができないほどに固められた身、執着のあまり壊されたくないものとなった身、他の人とくらべて「自分こそ」と高く立てられている「我が身」が、「かたちましまさぬ自然」と知らされて、身うごきできぬ身から自由になれることが仏陀の教化を受けるということです。仏陀に会うということです。

仏陀は仏陀みずからを私たちに知らせられるのですが、そのとき、はからずも、私たちは私たち自身を知らされるのです。知らされるだけではなくて、自由・自在をうるのです。これが仏陀と会って、仏陀となるという確信を得ることです。そして、その場合に不可欠なことが、この身が明らかになるという信心なのです。「弥陀の本願には老少善悪のひとをえらばれず。ただ信心を要とすとしるべし」（聖典六二六頁）といわれるゆえんです。

仏陀はどこにおわしますかといえば、私たちの信心となっておわしますのであり、その信心において、成仏が確信されるのです。仏陀は決して、私たちの予想・予定の中にあるものではありません。私たちの予想・予定は、仏陀を高嶺《たかね》の花のように理想化し、あるいは理屈をたてて心の中にあるもののようにしたり、逆に、漠然とした大きなもののようにしたてあげるのです。そして、その予想・予定されたように、仏陀は私たちのところに実現するはずだと独断しているのです。

親鸞はこのような予想・予定の上で立てられた仏陀は仮《かり》のものだといい、方便《ほうべん》だといいます。そして、私たちはこの仮のもの、方便のものを真実だと考えて、その実現、到達を願ってきたのです。そしてその結果、迷いつづけてきたのです。

親鸞に次のような「和讃」があります。

聖道権仮《しょうどうごんけ》の方便《ほうべん》に
　衆生ひさしくとどまりて
　諸有《しょう》に流転の身とぞなる
　悲願の一乗帰命《きみょう》せよ
（『浄土和讃』聖典四八五頁）

と。

　この「和讃」の意味するところは、予想されたにすぎないものを真実の仏陀として立て、その仏陀のところに到達することを目標としてかえって迷ってきた、それが現実の仏教のすがたとなっているということです。遠い向こうに仏陀を実現することではない、自分自身が成立するところにこそすでに仏陀はおわしますのである。

民衆の仏道

悲願の一乗

「聖道権仮の方便に　衆生ひさしくとどまりて　諸有に流転の身とぞなる　悲願の一乗帰命せよ」

この「和讃」は先回紹介しました。

ここにいいます「聖道権仮」というのは、釈迦如来を目標とし、釈迦如来のさとりを求めていく教えと行のことを指します。そして、この教えと行を実践するものはだれであるかと申しますと、やはり、どうしても出家者が中心となります。

釈迦如来という仏と、さとりという法と、それを求める出家者という僧、つまり、仏法僧の三宝の形をもって、インド・中国・日本へと仏教は伝わってきたのです。ですから、日本におきましても、仏教といえば釈迦如来を中心とした仏教であり、求める者は出家僧であったのです。しかも、釈迦如来のさとりは難解な文字表現である経典として伝わってまいりましたので、高度な学習が要求されました。また、行にしましても、さとりに至る行ですから、専《もっぱ》らそれに集中し、持続しなければ行ずることが困難なものであったのです。

これでは、仏教が日本に伝わったといいましても、一般の民衆にとってはほとんど縁がなかったといえましょう。ただ、民衆には、仏像に祈り、何がしかの利益を乞うよりほかはなかったでしょう。仏教は本来、あらゆる人びとを釈迦如来のごとくさとらしめたいという願いをもって説かれ伝わってきたものだったのです。しかし、現実はその願いに反して、文字の読めない、修行のできない人びとを選び捨ててきたのです。

その捨てられてきた人びとはいつか、未来仏である兜率天《とそつてん》上の弥勒菩薩《みろくぼさつ》に期待をかけて、兜率天の往生《おうじょう》を願うようになったり、西方《さいほう》阿弥陀仏の浄土への往生を願うようになったりしたのです。京都・奈良の古寺に弥勒菩薩像が残っていることがそのことをよくあらわしております。

このように、釈迦如来を中心として伝わった仏教は多くの人びとを仏陀のさとりから無縁にし、未来に期待をかけるあり方でわずかに仏教とのかかわりを保たせていたのです。親鸞はこのことを、「聖道権仮の方便に　衆生ひさしくとどまりて」と嘆じたのです。

釈迦如来を目標とし、釈迦如来のさとりを求める仏道を聖道―聖者の道―といい、親鸞はしかもその聖道《ひじりのみち》を方便だといいます。方便といえば、真実に対するものであり、仮《かり》のものという意味です。これまで仏教という名で伝えられてきた歴史をすべて仏の「方便」といい切ったのです。たいへん大胆といわなければなりません。どうしてそういえるのかと申しますと、先にいいました「和讃」のことばにしたがえば、「諸有に流転の身とぞなる」ということがその証拠となるからです。

要をとっていえば、仏教は人びとの生活に少しも生きないで、人びとは相変わらず日のよしあし、方向のよしあし、何をするについても神々にお伺いをたてなければならない不自由で、不安な中に置かれたままであるではないか、仏教はせいぜい未来を期待させるだけではないか、それも必ずしも期待どおりになるとも限らない状態の中に人びとを押しとどめているではないか、ということになります。

何よりも、不安で不自由で疑わしいところより超え出たいと願うものが民衆です。逆にいえば、民衆はいつも不自由で不安で疑わしい状態に置かれているのでしょう。親鸞はこれらの人びとの置かれている現実を直視していたのです。そして、それはとりもなおさず、親鸞自身が比叡山時代の修行で経験していたことだったのでしょう。

仏教にかかわりをもちながら、人びとが流転をまぬがれないとすれば、その仏教とは一体何であろうか。これは親鸞の根本的な疑問であったのです。たとえ『法華経』がどれだけすぐれた経典であったとしても、また『華厳経』がどれだけ内容豊かであったとしましても、人びとに受けとられず、かえって人びとがその前を素通りしていくなら、経典のすばらしさとは一体何を意味するのでしょうか。

親鸞の聖道門仏教への批判はすべてここに根ざしています。こうした疑問は親鸞だけがいだいたものではありません。多くの誠実な求道者たちが早くからいだいたものでした。それをよくあらわしているものが「末法」ということばです。ふつうに「世も末だ」といって、「末世」ということばを使いますが、仏法が廃《すた》れ、だれからも顧みられなくなったさまを末法とあらわしたのです。ここに二つの反省がこめられています。一つには、釈尊のさとりがわからなくなったこと。二つには、人や時代が悪くなり劣ってしまったことです。この二つの反省から注目されてきましたものが、西方阿弥陀仏の浄土への往生であったのです。先にいいました兜率天への往生も同様です。

しかし、仏教が末法的な情況になったとしましても、釈迦如来を目標とすることが仏教の本流ですから、阿弥陀仏の浄土への往生は亜流《ありゅう》であり、かたわらの道と考えられ、本流に対して方便と位置づけられてきたのです。たとえていえば、仏教の本流は大学に入学するようなことであり、浄土往生は予備校に入るようなものなのです。長い間、浄土教はこのような予備校的扱いを受けてきたのです。

この浄土往生の道を、仏教がもともと目ざしていたあらゆる人びとがさとりを得る道として明らかにされたのが、法然・親鸞であったのです。だから親鸞は「悲願の一乗帰命せよ」といって、念仏往生の道を一乗と讃えられたのです。

行・善のかなわぬ者に

「正信偈」に次のようなことばがあります。

如来、世に興出《こうしゅつ》したまうゆえは、ただ弥陀《みだ》本願海を説かんとなり。五濁悪時《ごじょく》の群《ぐん》生海《じょうかい》、如来如実《にょじつ》の言《みこと》を信ずべし。

（『教行信証』聖典二〇四頁）

ここにいう「如来」とは、釈迦如来のことです。仏教の歴史はこの釈迦如来を中心とし、その釈迦如来と同じさとりを得ることが目標とされて伝わってきたのです。ところが親鸞はここで、「釈迦如来がこの世に仏陀と名告って出られた理由は、人々に釈迦を目標とせよ、釈迦を中心とせよというためではなかった。ただ弥陀の本願を説くために、如来と名告ってこの世に出られたのである」といいます。この親鸞の言い方はふつうの仏教の理解と違っております。

今日の私たちの仏教理解は、やはり釈迦如来が中心であり、仏教を求めることになりますと、釈迦如来のようになることが目標となり、智慧がすぐれ、煩悩がなくなることだと考えます。これは釈迦如来を中心とする仏教理解です。

とすれば、親鸞の理解がおかしいのであろうか。また、どうして親鸞はふつうと違う理解をもったのであろうか。

これは先回にふれましたように、釈迦如来を中心として伝わった仏教は現実に人びとに何をもたらしたであろうか、という親鸞の現実認識からきているのです。

釈迦如来を中心とし、完成されたもののモデルとして釈迦如来を立てますと、行や善を為《な》してそれに近づくものが上の者、優秀な者となり、そのモデルより離れる者が中ぐらいの者となり、行や善がかなわぬ者は遠く遠く隔《へだ》たった下の下の者となります。たとえ、行・善をおこなって少し完成されたモデルに近づいたとしましても、さとることがなければ、悲しいことですが中途半端に終わることになります。そして、今までおこなってきた行・善の功徳に期待をかけ、何かの足しにと願うよりほかはないでしょう。

一方、下の下といわれる遠く隔たった人びとは頼みとできるような行・善の功徳がありませんから、不安や恐れから死後に暗いものを感ぜざるをえなくなります。

このように釈迦如来を中心として伝わった仏教は現実には、修行にいそしむ者も在家の人びとをも、わずかな期待や不安・恐れの中に閉じ込めてしまったのです。親鸞はそのように仏教の歴史を見られたのです。

仏教はこのように、人びとを中途半端な状態にとどめたり、いよいよ不安・恐れをつのらせるためにこの世に現れたのではなかったはずです。身動きがままならぬ世界にあって、仕方なく、なんとなく生きる私たちすべてに自由を感得させ、もっとも深く、もっともやさしくこの世を生きたいという願いに、志《こころざし》に立たせるものこそ仏教の願ったものなのでしょう。そして、この仏教の願ったものを一人ひとりの上に実現する法が、親鸞には「弥陀の本願海」であると受けとられたのです。そして、この法を説き明かすことが、釈迦如来が如来と名告ってこの世に出られた唯一の理由であるとされたのです。釈迦如来を中心とせよ、というために出世されたのではないのだと。

この親鸞のことばは、また次のような意味になります。一つには先回申しましたように、念仏往生の道は予備校的なものであり、間に合わせのようなものである、と考えられていたのですが、その考え方をまったく否定して唯一の仏道であると宣言したことを意味します。二つには、釈迦如来を中心とすることで生まれてきた諸宗・諸教は釈迦如来の本意をあらわすものではなくて、念仏往生の道に至る方便であると、従来の仏教理解を逆転させたことを意味します。そして、本願念仏の道が唯一の仏道であると宣言したことを意味します。この宣言は革命的といっていいほど画期的なことでした。

つまり、念仏往生の仏道は、自ら修行を積み、徳ある者だと考えている人びとにとってもただ一つの道であり、また、悪人といわれ、悪人とさげすまれる者にとっても同じ唯一の道であるからです。

釈迦如来を中心とするならば、上なる者、下の下なる者という格差もあるかもしれない。また、教養ある者愚かな者という違いの強調が何か意味を持ちそうに見えますが、弥陀の本願の仏道においては、いずれも愚かといわなければならないでしょう。なぜなら、釈迦如来を中心とし、モデルとして、自ら為してきた行・善はまったく中途半端に終わって、さとりにとってはほとんど意味を持たなかったからであり、もし、中途半端なものを誇るとするなら、それは自慢になるよりほかないからです。

ですから、親鸞は自ら「愚禿《ぐとく》」と名告って念仏往生の法に頭を下げられたのです。これはまことに希有《けう》なことといわなければなりません。他と比較して生きる私たちであってみれば、人より一歩でも高く、美しく、善く見せたいのです。どんなことでも自慢の種にせずにおれず、それによって、善き者、賢き者であることを誇ろうとする私たちに、「愚」が知られ、しかも、それを通して「みな、同じく、等しく」という自覚と自信まで与えられるのですから驚くべきことです。

親鸞はこの本願の念仏による平等なる様《さま》を、先の「正信偈」で「五濁悪時《ごじょくあくじ》の群生《ぐんじょう》海《かい》」といいます。「群生」とは群れをなして生きる様をあらわし、誰一人きわだった者のいないことを示すことばです。「海」とは海のことであり、たとえ経験・経路が違っていようが、畢竟《ひっきょう》じて等しいことをあらわすことばです。

この本願の念仏の仏道が見い出されることで、民衆が仏道の歴史の舞台にのぼることになったのです。

仏おわします

ようよう、さまざまの、大小聖人《しょうにん》、善悪凡夫《ぼんぶ》の、みずからがみ(身)をよしとおもうこころをすて、みをたのまず、あしきこころをかえりみず、ひとすじに、具縛《ぐばく》の凡《ぼん》愚《ぐ》、屠沽《とこ》の下類《げるい》、無碍光仏《むげこうぶつ》の不可思議の本願、広大智慧《ちえ》の名号《みょうごう》を信楽《しんぎょう》すれば、煩《ぼん》悩《のう》を具足しながら、無上大涅槃《だいねはん》にいたるなり。

（『唯信鈔文意』聖典五五二頁）

親鸞七十八歳の時のことばです。

ここに「無碍光仏の不可思議の本願、広大智慧の名号を信楽すれば」とあって、本願と名号ということが重要なこととして語られております。

注意しなければならないことは、釈迦如来のごとく修行し、釈迦如来のごときさとりを得よとはいわれていないということです。かえって、そういう修行などできそうもない、業・煩悩にしばられて身動きがとれない凡夫、生き物を殺して生活する猟師、ものを売り買いして生活する商人たちが本願の名号を信楽すれば、大涅槃のさとりを得るといわれています。これによって親鸞は釈迦如来を中心とする仏道とまったく異なる「本願の名号を信楽する」仏道を示したのです。

そこで改めて、日頃私たちがよく耳にする、如来の本願、弥陀の本願とは何のことであるかを考えてみなければなりません。

「正信偈」の最初の方に次のようなことが述べられています。意味をとっていいますと、「法蔵という菩薩が世自在王という仏陀の下にあって、法を聞き、仏国土を建設し、あらゆる人びとをさとらしめたいと誓われ、その誓いが実現して阿弥陀仏となられたのである」ということになります。この法蔵菩薩・世自在王仏のことは『大無量寿経』に出ておりまして、親鸞はそれを「正信偈」に引用されたのです。

私たちは実在した仏陀といえば釈迦如来しか考えつきませんから、法蔵菩薩や世自在王仏と聞きましても、一種の神話、架空の話にしか思われませんが、親鸞はどうしても必要なことと考えられたからこそ「正信偈」に引かれたのでしょう。

それでは法蔵の誓いとは何でしょうか。それは一切の衆生を教化し、さとらしめるということです。これだけなら当然のことであって、法蔵菩薩に限ったことではありません。法蔵菩薩の誓願の特異な点は、仏の名を称することをもって行とし、その行によって浄土に生まれ、無上のさとりを得るということにあります。

一切衆生を教化し、さとらしめるのに、仏の名を称することをもって行としたものが法蔵菩薩の本願ですが、ここに問題があります。それは、阿弥陀仏の名がどうして本当に仏の名であるとわかるのであろうか、ということです。「経典に仏の名であるといわれているから仏の名であろう」では、疑いを残すことになります。ここに信ずるということが、つまり、信心が問題になる理由があります。

たとえ、称名を行としましても、それを口にとなえるだけであれば、結局、浄土に往生することも、さとりを開くことも未来に希望を託することにしかならず、行として簡単だといっても、期待と不安の中に閉じ込められるよりほかはなくなります。これは信心がはっきりしないことに起因します。

親鸞が「広大智慧の名号を信楽すれば」というときの信楽とは、南無阿弥陀仏は真実の仏陀でおわしますと信ずることなのです。真実の仏陀とは、衆生を教化しさとらしめるものです。ですから、南無阿弥陀仏が真実の仏陀でおわしますと信ずるときには、必ず、そう信ずる人は仏陀より教化を受け、さとらしめられていることがなければなりません。さらにまた、自らが教化を受け、さとらしめられていることも知覚されなければなりません。しかも私たちにどうやって、仏から教化を受けているとわかるのでしょうか。ここに、日頃、私たちが考えている仏陀とまったく質を異にするものがあるのです。

ふつうには、南無阿弥陀仏の名号を仏の名であるとして、それを口にし、行ずることで何かを得ようとするのですが、その時には、名号は仏の名といわれる物質になってしまっているのです。そうではなくて、ここに問題になっていることは、名号が文字どおり仏の名であると信ずることが求められているということです。そして仏の名とは、私たちの世界と違って、仏の世界があることをあらわすものです。

私たちが努力して、修行して、名号が仏の名であることを証明するのではありません。なぜなら、私たちはもとより、そうした修行から遠くはなれた存在であるからです。そうしますと、名号が仏の名号であるかぎり、名号が私たちを教化し、私たちをさとらしめるという意味になります。その意味では、まったく他力《たりき》なのです。

私たちは漠然とした「仏陀」についてのイメージを持っていますが、もともと仏陀を知らないのです。見たことも会ったこともないのです。私たちが知っているのはせいぜい、釈迦如来とそのことば、または仏像ぐらいです。ですから、仏陀ということを仏陀より知らされるよりほかないわけです。

先にいった、法蔵菩薩の本願とは、この仏陀ということを私たち一人ひとりの中に成就しようとしたものです。そして、世自在王仏が語られるのは、仏陀ということは仏陀より知らされなければ私たちに知られようがないことを示すためです。法蔵菩薩と世自在王仏を語ることで、南無阿弥陀仏の名号が文字どおり仏の名であり、仏の名は仏おわしますことをあらわすのです。そして、仏おわしますとは仏陀を知らない私たちに、有無をいわせない、疑いようのない自分自身に出会わせ、つまり私たちおよび私たちの世界は、どこまでも愚であり、穢土であることを知らせ、だからこそみな同朋であり、力《りき》む必要のないことを知らしめることです。この自覚を真実信心というのです。

親鸞は、この信心を力を尽くし明らかにされたのです。なぜなら、信心の獲得こそが群生の仏陀となる唯一の道であったからです。

「はずみ」の存在

阿弥陀《あみだ》如来《にょらい》来化《らいけ》して
息災延命《そくさいえんめい》のためにとて
金光明《こんこうみょう》の寿量品《じゅりょうほん》
ときおきたまえるみのりなり
（聖典四八七頁）

南無阿弥陀仏《なむあみだぶつ》をとなうれば
炎魔《えんま》法王尊敬《ほうおうそんきょう》す

五道《どう》の冥官《みようかん》みなともに
よるひるつねにまもるなり

（聖典四八八頁）

これは親鸞七十六歳の時の和讃で、「現世利益和讃《げんぜりやくわさん》」と呼ばれるものの中にあるものです。

私たちは宗教ということばを聞けば、すぐ、ご利益《りやく》ということを思います。ご利益をいわない宗教など考えられないくらいです。考えてみれば、今日の私たちも実に多くのご利益を語る宗教の中におります。ところが、ご利益はそのことばからいって当然、その反対として不幸なこと、不吉なことといった、人間を困らせるものを持っております。先のご利益が「福」をあらわすなら、後の不利益は「凶」をあらわします。

『大無量寿経』という経典に「罪福信《ざいふくしん》」ということばがあります。そこでいわれる「罪《ざい》」とは「罪《つみ》」という字ですが、意味は邪悪で不吉で不幸なことであり、色でいえば黒色のことです。反対の罪福の「福」は、楽しいこと、幸福なことを意味し、色でいえば白色をあらわしております。私たちがご利益、不幸、災難といっていることが、古くから「罪福信」といわれてきたのです。

そうしますと、私たちが今日、宗教と呼んでいるもののほとんどが、この「罪福信」におさまるといえます。私たち日本人はこの「罪福信」に深くとらわれて生きているといっても過言ではありません。こころみに、私たちの一生と罪福信の宗教とのかかわりを見てみましょう。

まず誕生です。名前で、まずひっかかります。字数・角数で幸・不幸を考えます。それはすでに罪福の宗教です。血液型・星座、これも同様です。七・五・三のお宮まいり。そして、大吉・大凶のおみくじ、御札《おふだ》。成長すれば、受験祈願、車に乗れば安全祈願、結婚となれば大安吉日。もう少し年をとれば、厄年・厄ばらい。死人が出れば友引き、そして必ず清めの塩。病気になれば四や九の数字はさける。このほか、土地や方角についても善し悪しがあります。

これらはすべてご利益に関係し、罪福につながっているものです。このように見ますと、私たちの一生はさまざまな罪福を語る宗教の中にとりかこまれているといえます。これではたいへん不自由です。また、事あるごとに何ものかにお伺いをたてなければは動けないとすれば、まったく主体性がなく、宗教の奴隷のようになっているといわなければなりません。

しかし、これが親鸞当時の民衆の現実であったのでしょうし、今日の私たち民衆の現実でもあります。では、親鸞はこの現実についてどのように考えていたのでしょうか。親鸞にとって重要な意味をもつ「機」ということばが親鸞の、民衆の現実理解をよくあらわしています。

「機」といいますのは、道具を意味します機械の「機」のことです。これは、「もののはずみで」という場合の「はずみ」を意味することばです。親鸞はこの「機」ということで「人間」をあらわしたのです。つまり、「はずみ」の存在が人間であるということです。もっといえば、この「はずみ」は「予定・予想」ということと反対の意味を持っています。たとえば、だれも事故を起こそうとして車に乗っている人はありません。しかし、はずみで事故は起こります。予定では無事故なのですが、はずみで事故にあうのです。

だから親鸞はいうのです。私たちの現実は「機」「はずみ」を生きているのであって、予定・予想が現実ではないのだ、と。私たちの現実がこのように「はずみ」であるために、どこに向かって、どのようなことになって「はずむ」かわからないのです。そして、どこに向かってはずもうと、私たちがもっとも恐れるのは、暗い所、いやな所へ向かっての「はずみ」です。死の方向には「はずん」でもらいたくないのです。

これが「機」を生きる私たちにとって正直なところです。ですから、私たちは、この予想できない「はずみ」の存在が自分の願う所へ予定どおり動いてくれることに本能的な関心をいだいているのです。このために、私たちは生きているかぎり、罪福の「罪」をおそれ、避け、ひたすら「福」を願うのです。ここに、私たちの一生をとりまくさまざまな宗教が存在する理由があるのです。

このように親鸞は「機」ということから、宗教に奴隷のようにならざるを得ない民衆の現実を見たのです。これは今日の私たちにしても変わらないことです。なぜなら、今日の私たちも、同じく「機」を生きているからです。親鸞はこの「機」をさらに深く捉えていきます。それは、「機」であり、「はずみ」である存在は、そのままではどこへはずむかわかりませんので、私たちは「はずみ」を押さえて一定の方向に動くようにということで、知識・教えのことばを求めていきます。

たとえば、少々身体の調子が悪いことが続きますと、「はずむ」存在であることから、私たちは暗い所へ「はずむ」のではないかと悩みます。それでいろんな知識をひっぱり出して、自分で医者の代わりをすることになります。そして、暗い所へ「はずまない」という安定を求めます。それでも不安が消えませんと、専門医の所へ行きます。専門医はどういう時に暗い所へ「はずむ」かという知識を多くもった人ですから、その人の知識・教示によって判断を受け、薬をもらいますと、「はずみ」の不安がおさまります。そして、本当に回復すれば、「はずみ」を忘れて、また、予定どおりの所を動いているように思われてきます。

つまり、親鸞は機の存在と知識・教えのことばとは切っても切れないものであることを明らかにしたのです。

機は教えを求める存在なのです。しかし、教えならなんでもよいというわけにはいかないでしょう。

機が定まる

先回、親鸞は私たち人間のことを機械の「機」であると捉え、縁によってはどこへでも「はずんでいく」「はずみ」の存在であると明らかにしたと申しました。そのために、私たちは暗い、不吉な所へはずんでいかないように「教え」をもって、望ましい所に向かって安定させようと願うのです。その意味では、私たちは機を生きるかぎり、はじめから宗教的存在といっていいのでしょう。ですから、教えを求める存在ともいえます。

古代の人たちが天体の動きに、いつもと違う現象を見れば、そこに不吉なものを感じ、それによって自分たちも苦しい所へ「はずむ」のではないかと恐れ、暦の法をたずね、陰陽師《おんみようじ》とか宿曜師《しゆくようし》という天文博士の教えにしたがったように、私たちも機を生きることから生ずる恐れ、不安を解決するために、さまざまな教えをたのみにしているのです。

つまり、機は安定することを求めているのです。では、どのような方向に向かうなら安定したといえるのでしょうか。

日本人の安定方向を示す三種の事柄があります。よくいわれますように、一には無病息災、二には家内安全、三には商売繁盛です。この三つが得られれば安定だと考えられています。そして、これらの三つにこたえるためにたくさんの宗教があります。これらの三つの方向にさえ向いていけば、もっとも望ましいのであって、それにこたえてくれるものであれば、どんな宗教でもかまわないということになっているのが今日の姿でしょう。

このことは、親鸞当時も変わらないことです。親鸞はこの現実をさげすんだりしなかったのです。悲《ひ》歎《たん》されたのです。親鸞には、人間が機・はずみの存在であることがよく理解されておりましたから、機が定まることを望むことを否定はしません。ただ、どのような定まり方をするかに深い注意を与えたのです。親鸞の主著『教行信証』の中に、正定聚《しょうじょうじゅ》の機——正しく定まった機、邪定聚《じゃじょうじゅ》の機——よこしまに独断的に定まろうとする機、不定聚《ふじょうじゅ》の機——定めようとするが定まらない機、ということばがあります。

正しく定まるのが正定。邪《よこしま》に、あやまって定めるのが邪定。定まらないのが不定です。

この親鸞の三つの機の定まり方からいえば、人間のもっとも願う、無病息災・家内安全・商売繁盛はどこに入るでしょうか。これはどのように考えてみましても、邪定・不定になるのでしょう。なぜなら、どのような教えをもってしても、人間が機であることを止めることはないからです。生きているかぎり機・はずみであることを止めることはできませんから、先の人間がもっとも願う無病息災等の三つの方向に定まることはありません。

どれほど願うところが切なることであっても、かなわぬことには変わりはありません。しかし、それをかなえるかのようにいう教えがあるのです。しかし、それは邪定の宗教であり、また、それがかなえられるかのように受けとるものは邪定の機です。よこしまであり、深い迷いです。

もっとも願わしい、かなえて欲しいものへの祈願が邪定であるとすれば、あとに残るものはご利益を与える宗教をやめて、自分自身の努力に期待する道よりほかはありません。代表的には善因楽果《ぜんいんらくか》・悪因苦果《あくいんくか》という因縁果《いんねんか》の業の教えにしたがうということとになります。しかし、これも「自分は別に悪いこともしていないのに、なぜこのような苦を受けなければならないのか」という現実によって打ち破られることがあります。

すると、すべてが「信じているわけではない、気やすめにやっているのだ」という不定の機になっていきます。すると、今日の私たちは邪定の大衆、不定の大衆の一人としてこの世を生きているものとなります。そして、そこからは、たくましい、さわやかな声が生まれてはまいりません。そこには、「どうせ、所詮この世は」「どうせ、人間というものは」といった、どこに向けてみようもない、うらみ声があるだけです。比叡山にあった時の親鸞もその声の持ち主の一人だったのでしょう。

その親鸞が、人間は機と教えとの関係によって正しく定まるものたちの一人となることができる、と教えたのです。正しく定まるものたちとは仏陀と仏弟子のことであり、仏陀の弟子となることによって、「はずみ」の存在が正しく定まるのだというのです。それはいかなる教えによってであるかといえば、仏陀の教えによるのであるといいます。仏陀の教えといっても、とくに念仏の教えによるのだといいます。

親鸞によれば、この念仏の教えは人間をだまして、人間を安心させる教えではなくて、人間の真実の姿を人間自身に見せ、うなずかせることによって、真実・清浄《しょうじょう》を内容とする法が機を離れずにあることを示すものなのです。

はずみの機の存在を「我が身」として生きる私たちは、そのかぎりにおいて、おそれ、不安、いかり、そねみ、ねたみ、欲をはなれることがない。つまり、どのような安定ももたらされないことを明らかに照らしだす真実の法があるのです。その法がことばとなったものが「南無阿弥陀仏」です。この法によって、私たちははずみの機を我が身とすることをはなれて、真実で清浄な法を自己自身として受けとることができるのです。そのように受けとれた自身を親鸞は信心と呼んだのです。

ですから、信心によって、この機は定まるのです。機を定めるために悪戦苦闘してきた人間の歩みの中に、念仏の信心によって、機が定まることを親鸞は宣言したのです。邪定・不定のさまざまの宗教に悩む民衆に親鸞は高らかに自信に満ちて呼びかけたのです。

南無阿弥陀仏《なむあみだぶつ》をとなうれば
十方《じっぽう》無量の諸仏は
百重千重《ひゃくじゅうせんじゅう》囲繞《いにょう》して
よろこびまもりたまうなり
（「現世利益和讃」聖典四八八頁）

と。

南無阿弥陀仏をとなうれば……

南無阿弥陀仏《なむあみだぶつ》をとなうれば
他化天《たけてん》の大魔王《だいまおう》
釈迦牟尼《しゃかむに》仏のみまえにて
まもらんとこそちかいしか
（聖典四八八頁）

これは親鸞の「現世利益和讃」の中の一首です。ここに語られる魔王とはいろんな経典に出てくる魔王波旬《はじゅん》のことです。釈迦牟尼仏がさとりを開こうとした時に、最後まで抵抗した魔の名前です。

魔はインドの古いことばでマーラといい、「生命を奪うもの」という意味があります。これは私たちにとってもっとも避けたいことです。また、もっとも恐ろしいことです。この魔が釈迦牟尼仏の前に立ちはだかって、釈迦牟尼仏を困らせた、と多くの仏教経典は伝えております。しかし、釈迦牟尼仏はこの魔を降《くだ》し、完全なさとりを得られたといわれます。

この仏陀の伝記は、多くのことを私たちに教えてくれます。一つには、魔とは私たちの弱点・欠点を見つけだし、そこに向かって攻撃を加え、私たちは弱点・欠点を隠そうとして、魔の言いなりになるということです。

私たちの弱点・欠点とは何でしょうか。それはいうまでもなく、「私・僕・俺」といって生きているその「我が身」が責められたり、病気などの不幸な目にあったり、はては死に至ることになることが弱点であり、欠点です。自分自身が確かで、高く、広くて、そしてその未来が前途洋々たることを願って生きている私たちであってみれば、不幸なこと、死することはどんなことがあっても認められるものではありません。そのために、弱点・欠点が生じてきます。その弱点・欠点をついて、私たちを苦しめるものが魔といわれます。

とすれば、私たちだれもが、この魔王の邪悪なまなざしを感じながら生きているということになります。ところが釈迦牟尼仏はその魔を降したのです。「魔王を恐れることなし」と宣言されたところに仏教は誕生したのです。しかし、私たちの現実は決してそうではありません。数多くの魔王につかえ、ひたすら、魔王の怒りにふれないようにと供養・祈願をこととしております。親鸞がこの「和讃」にうたっているように、親鸞当時の人びとも、この魔王のとりこになっていたのです。

親鸞のことばを伝えている『歎異抄』の中に次のようなことばがあります。

> いささか所労《しょろう》のこともあれば、死なんずるやらんとこころぼそくおぼゆることも、
> 煩悩《ぼんのう》の所為《しょい》なり。
>
> （聖典六二九—三〇頁）

つまり、身・心ともに疲れ果てることがあると、死んでしまうのではないのかと心配になるが、それは魔王などのせいではなく、自分の身について本能的に心配する心—すなわち、煩悩のせいなのだといわれております。この親鸞のことばによれば、煩悩の心こそ魔王を生み、魔王につかえさせる正体だということになります。そして、さらに、死を心配する心がすでに煩悩であるから、その煩悩を満足させるような答えもまた、煩悩であると教えています。

私たちは死ぬことが心配であり、恐れの最大のものですから、そのあまり、いつの間にか、いつでも死ねることになることが仏教のさとり、宗教の真髄のように考えてしまっております。しかし、先の親鸞のことばは、それを否定します。安心して死ねる境地になることが別に仏教のさとりではない。それは煩悩の心をよろこばせただけであって、煩悩の心をよろこばせるものは、やはり煩悩といわなければならない、と。とすると、この世には私たちの煩悩の心を安心させ、よろこばせる「宗教」という名の煩悩がいかに多いかということです。

さて、先ほどの釈迦牟尼仏の伝記が教える第二のことです。親鸞の「和讃」にもありましたように、「他化天の大魔王」とあって、魔のすみかは天にあるといわれています。これは大切なことを教えています。

といいますのは、「天」ということで語られていることは、いわゆる「幸福」の実現した場所です。その幸福の場所に魔王があるということは、私たちの手に入れる幸福とは、どこまでも魔王の監視の中での幸福であって、不安なものであることをあらわしています。魔王の宮殿での幸福は、あたかも出口のない遊園地のようなものです。ですから、釈迦牟尼仏が魔王を降したということは、天という名の「幸福の宗教」をも超えて、まったくの独立を果たしとげたという意味になります。

しかし私たちは悲しいことに、幸福という名の「天」を手に入れることが仏教であるかのように受けとっているのです。だからこそ親鸞は、「南無阿弥陀仏をとなうれば　他化天の大魔王　釈迦牟尼仏のみまえにて　まもらんとこそちかいしか」とうたったのです。念仏する者は、魔を超え、天を超えた独立者となることができることを人びとに切々と語りかけたのです。

独立する道があるのに、なぜ、好んで魔の奴隷になっていく必要があろうか。魔の奴隷は、やはり魔の一員であって人間ではありません。魔は、いつでも自分の下に道具のように自在にあやつれるものを持っていないと生きていけないものです。ですから、その魔の一員に私たちもなってしまうと、魔王のように平気で人間を人間と認めることができず、物や金を生みだす機械のように人をしいたげていくことになります。恐ろしいことです。

今日の社会を見ますと、幸福とか経済とか便利とかといった、姿をかえた大魔王が至るところで跳躍しているように見えます。しかし、そんな中に立ちどまってみると、「南無阿弥陀仏をとなうれば……」という親鸞の声が聞こえてまいります。

「人」となる道

一念多念のあらそいをなすひとをば、異学別解《いがくべつげ》のひとともうすなり。異学《いがく》というは、聖道《しょうどう》外道《げどう》におもむきて、余行《よぎょう》を修《しゅ》し、余仏《よぶつ》を念ず、吉日良辰《きちにちりょうしん》をえらび、占《せん》相祭祀《そうさいし》をこのむものなり。これは外道《げどう》なり。これらはひとえに自力《じりき》をたのむものなり。別解《べつげ》は、念仏をしながら、他力をたのまぬなり。……念仏をしながら自力《じりき》にさとりなすなり。……自力《じりき》というは、わがみをたのみ、わがこころをたのむ、わがちからをはげみ、わがさまざまの善根《ぜんごん》をたのむひとなり。（聖典五四一頁）

これは、親鸞八十三、四歳の時の著作『一念多念文意』の一節です。

私たちは、だれもかれも「わがみをたのみ、わがこころをたの」んで生きています。ここにいう「たのむ」というのは、あてにし頼りにしている、ということです。この身がいつまでも生きのびることをあてにしているのです。また、意志・意識を中心として生きていますから、「こころをたのみ」とします。

ですから、当然、私たちはもっともっと、この身を、この心も「たのみがいのあるもの」になりたいのです。すぐ病気をしたり、疲れたりする身であってはならないのですし、あるいはすぐに弱気になったり、沈んだりする心であっては困るのです。是が非とも、「たのみがいのある」身や心であってくれなければ、生きることが楽しくならないのです。

だから、私たちは「我が力をはげまし、さまざまな善根をあてにして」我が身を頼りがいのあるものに仕立てあげようとする、と親鸞はいいます。それを「自力」だと親鸞は教えています。ここに親鸞がいう「自力」とは、私たちがふつうにやっていることであって、それ以外の生き方があるようにも思われません。ですから、それは当然のことではないのか、それを親鸞はなぜ「自力」などと問題がありそうなことをいうのか、という疑問が生じます。

親鸞が問題にしたことは、私たちの生き方が自力だからだめだ、といったのではありません。我が身・我が心をあてにして生きるかぎり、その身や心がもっと頼みがいのあるものになってくれることを願わざるを得ない。するとどうしても我が身以外のものをたのみにして、その力を借りてくることを考えざるをえない。そこに、「吉日」という日の力や、「良辰」という方角の力を頼みとしなければならない、占いに、祭りごとの力を借りなければならないということにならざるをえないことがでてきます。とすると、「自力」をたのむことがいつの間にか「魔力」をたのみとすることにつながっていきます。こういうことが自力をはげむことにひそんでいることを親鸞は注意したのです。

そして、「自力をはげむひと」は、頼みがいのある身や心になるために、役立つもの、あてになりそうなものであれば、念仏であれ、占いであれ、神だのみであれ、何でもよいという態度になっていきます。これも百歩ゆずって、どんな宗教を信じようとも信仰心が大切なのだから、といったとしても、役立つものであればそれをあてにしていく態度は宗教ではなく宗教を物質とするものであり、物質をもって「たのみがいのあるもの」になろうとするものも、やはり物でありましょう。少なくとも人間ではありません。親鸞が「自力」を問題にするのは、そのような理由があるからです。

魔や鬼神や道具をたのむものは、そのままで魔・鬼神・道具の一員であり、眷属《けんぞく》です。親鸞が人びとに伝えようとしたものは、独立した「人間」になる道であったのです。今日の私たちは、人間がこの地球で絶対的な存在になっていますから、「人間」になるといわれてもピンときません。はじめから「人間」だと考えているからです。

親鸞が「人」という時には、独立した者のことをあらわし、必ず仏陀・如来となる者のことを意味します。

このことをよくあらわしている親鸞のことばがあります。善導大師という人の著作にある言葉、「彼《か》の仏の心光、常に是の人を照らす——彼仏心光常照是人《ひぶつしんこうじょうしょうぜにん》」を取り上げ、親鸞はそれに注釈をあたえています。

「常照是人《じょうしょうぜにん》」というは、「常《じょう》」は、つねなること、ひまなく、たえずというなり。「照《しょう》」は、てらすという。ときをきらわず、ところをへだてず、ひまなく、真実《しんじつ》信心《しんじん》のひとをばつねにてらし、まもりたまうなり。……「是人《ぜにん》」というは、「是《ぜ》」は非《ひ》に対《たい》することばなり。真実信楽《しんじつしんぎょう》のひとをば是人《ぜにん》ともうす。虚仮疑惑《こけぎわく》のものをば非人《ひにん》という。非人《ひにん》というは、ひとにあらずときらい、わるきものというなり。是人《ぜにん》は、よきひとともうす。「摂護不捨《しょうごふしゃ》」ともうすは、「摂《しょう》」は、おさめとるという、「護《ご》」は、ところをへだてず、ときをわかず、ひとをきらわず、信心《しんじん》ある人《ひと》をば、ひまなくまもりたまうとなり。まもるというは、異学異見《いがくいけん》のともがらにやぶられず、別解別行《べつげべつぎょう》のものにさえられず、天魔波旬《てんまはじゅん》におかされず、悪鬼悪神《あくきあくじん》なや

ますことなしとなり。（聖典五三八頁）

少し長い引用になりましたが、これも『一念多念文意』の中にある一節です。親鸞は「是人」ということばにこだわります。親鸞の読み方からすると、「是人」は是れ人、つまり、これこそ人間といえるという言い方です。ですから、決して「この人」という読み方をしないのです。「わが身・わが心」をもっともたのみがいのあるものにしようとするものは、自力の性質のゆえに「人間」とならずに、「天魔波旬・悪鬼悪神」の眷属となると注意されたのです。

親鸞への道は民衆の中に「人」となる道として今も開かれております。

流転

謹《つつし》んで浄土真宗を案ずるに、二種の回向《えこう》あり。一つには往相《おうそう》、二つには還相《げんそう》なり。

（聖典一五二頁）

これは親鸞の主著『教行信証』のはじまりのことばです。

これによって、親鸞が生涯問題としていたことが「浄土真宗」であることがわかります。以前にも申しましたように、「真宗」の「宗」とは、この道によるならば私たちに如来のさとりが得られるという「道」についていわれたものです。しかも、その道は煩悩成就《ぼんのうじょうじゅ》の凡夫《ぼんぶ》に開かれているというのが親鸞の「真宗」の名告りであったのです。

としますと、たちまちに私たちに疑問が生じます。それは、修行していてすら、さとりを得るということが大変なのに、修行らしい修行もしない煩悩具足《ぐそく》の凡夫にどうしてさとりが開かれるというのか。希望にすぎないのではないのか、といった疑問です。この疑問にこたえているものが「回向《えこう》」です。意味は「転換（かわること）」とか、「変化すること」です。

例をあげてみましょう。

果物屋さんにイチゴがあるとします。この場合、イチゴはどこまでも果物屋さんのものです。それを一日ながめていても、お客さんのものにはなりません。ところが、お金を出しますと、店屋さんのものが自分のところにやってきます。つまり、向こうにあったものがこちらのものに「転換」したのです。これを「回向」といいます。その場合、お金を出すということが「行」にあたります。

あるいは、こういう喩《たと》えもできます。

数千万円の貯金があるとします。数千万円は大きな値打ちがあります。ですから、その値打ちを使って家を建てることができます。この場合、お金が家に「変化」したのです。これも「回向」です。しかし、お金は持っているだけでは何にも変化しません。そこに「使う」という行為がなければなりません。これによって、「行」が「回向」にとって不可欠であることが理解できます。

宗教といえば、どのような宗教でもこの「行」と「回向」を離れては成立しないのです。民族宗教であれ、世界宗教と呼ばれるものであれ、回向と行を離れては成立しないのです。

初詣《はつもうで》を例にとって考えましょう。

お賽銭《さいせん》を出し、柏手《かしわで》を打ち、礼拝し、鈴を鳴らす。これらはすべて「行」です。先に数千万円の例を出しましたが、お金が価値を持っていたように、これらの柏手を打つ、礼拝するといった行も価値を持っており、その価値ある行をするのですから、神々のところにあるいろいろな値打ちあるものが、その行をした人のものになるということになります。家内安全とか無病息災といった値打ちあるものが、神々のところから行をした人のものとなるというのが「初詣」です。これは単なる日本人の習慣ではありません。昔からの伝統行事でもありません。完全に「宗教」なのです。

人間世界を超えたところにあるものを、人間のものにするという場合、「回向」なしには考えられません。

また、こんなこともよく見かけます。

お墓によくお酒やお菓子等の食べ物を供えてある場合があります。この場合は、お供え、つまり供養するという行によって、お腹《なか》をすかしているものに回向しようとするのです。つまり、こちら側に属している豊富な食べ物を、飢《う》えに苦しむあちら側のものにしようとすることです。これなども「回向」を認めずにはありえないことです。

このように「回向」は「行」によって転換・変化することを意味するのですが、本当に「転換・変化」した場合には証拠がでてきます。先に家が建った例を出しましたが、お金を使うという行によって転換して家が建ったのですから、家が目の前にあることが転換した証拠です。

では、初詣・必勝祈願・お供養などはどこに転換したという証拠があるのでしょう。すでに申しましたように、回向を認めることで宗教が成立するかぎり、転換したという証拠がなければなりません。もし、証拠がないとすれば、それらの宗教は「回向を期待する」、つまり、向こうにあるよいものが、こちらのものになりますようにと転換することを期待するというところにとどまってしまいます。それでは、期待しながら、やはり流転《るてん》し迷いつづけていくということになります。

これは悲しいことです。親鸞はこのことを次のようにいっております。

しかるに微塵界《みじんかい》の有情《うじょう》、煩悩海《ぼんのうかい》に流転し、生死海《しょうじかい》に漂没《ひょうもつ》して、真実の回向心なし、清浄《しょうじょう》の回向心なし。

（『教行信証』聖典二三二頁）

この文の意味するところは、煩《わず》い悩《ら》まざるをえない私たちであるから、絶えず、平安で清浄な世界を自分のものとしたい、そして、平安、清浄な心境・境地になりたいと「回向」を期待しながら、私たちは不本意にも流転しつづけているという意味であり、また、せっかく生まれてきていながら何となく生きていることになったり、生きることに何の意味も見い出せなくなる私たちであるから、浮き沈みのない真実な世界が自分の世界にならないかと期待しながら、環境の業縁にもてあそばれつづけているという意味です。

人間の現実が、絶えず、苦にまみれた人間の世界を超えた世界を求めさせ、その世界を我が世界として持つことで、この煩悩に満ちみちた世界に生きようと願いながら悲しいことに虚《むな》しく流転してきたと親鸞はいうのです。この親鸞のことばは私たちの心にしみわたってきます。まったく、そのとおりだといわなければなりません。

如来、我らの信となる

先回、私たちの現実は煩《わずら》いも多く、迷いも多く、生きることすら重くなってくるものであるから、それらを超え離れた世界を我が世界として獲得し、この世を生きぬきたいと願って宗教に回向を求めながら流転してきた、と述べました。思ってみれば、私たちは実に長く回向の実現を願いつづけ、祈りつづけてきたのです。

我痴・我慢・我愛に悩まざるをえない私たちですから、仏陀の世界は無我であると聞けば、何らかの行によってその仏陀の世界にあるものが私たちのものとなること、つまり、回向を期待し、我痴・我慢の心の中に無我なる心境・境地が開かれることを願います。また、願わざるをえないのが私たちの現実であり、そのように願うことが仏教を求めることだと私たちは考えてきたのであり、今もそう考えています。

しかし、このように回向を期待するのですが、容易にその証拠が得られないのです。たとえば、写経という行があります。この行を回向して、仏陀にあるところの無我なる心を得ようと考えます。写経をしている間は、少し静まった心にもなり、日ごろのざわめきの心と一線を画した世界が我がものになったようにも思われますが、写経の場を離れれば、元《もと》の木阿弥《もくあみ》になってしまいます。そのために、その行が持続され、無我の境地なるものが我が身につくようにと一層の努力が求められます。

しかし、目まぐるしく変化する環境の中に身を置き、その環境に相手する心を生きながら、しかも、そういう身や心と一線を画した世界を心に打ち建てようとすることは、あたかも、富士山で鯛を釣ろうとする所業によく似ています。ほとんどできない相談です。

このできない相談をしようとして行をしますので、この行のことが「自力難行」といわれます。

この難行によって、仏陀のところにあるものを自らのものに転換することを期待するのですが、なかなかその転換したという証拠が出てこないところから、多くの人たちは次のように考えたのです。難行だからといって、やってできないことはない、だが、時間が足らない、死ということが邪魔をする、そして、さらに環境がよくない、天変地異だ、戦争だといって修行できる環境ではない、やかましい環境が邪魔をする。だから、これらの二つが解決できるなら、仏陀のさとりとして向こうにあるものがこちらのものへと転換するはずだ、と。

このような事情から、難行を修している人びとに、二つの障害がない浄土への往生を願うことが起こってきたのです。こうした考え方は真面目に難行を修する人たちから出てきたものですから、説得力もあったのでしょう。

ところが、この考え方に異議を申し立て、浄土の往生は難行を修する人のためにあるのではなく、業苦に悩む凡夫にひらかれているものであると宣言した人がありました。それが唐時代の中国の僧・善導大師です。法然、親鸞も同様です。

善導大師のいおうとしたことは、死や環境の煩《わずら》わしさのために仏陀のさとりが修行者のものにならないのではない、罪業・煩悩の身や心を生きながら、しかも、それと一線を画す世界を期待すること自体に問題があるのであり、自分自身がはっきりしていないことに原因するのである、と。つまり、自分が信ぜられていないからだといわれるのです。

そして、業・煩悩の身を生きながら、それと一線を画した世界を手に入れることは絶対に不可能だといわれます。さらに、絶対に不可能な理由が如来にあるといわれるのです。つまり、絶対に不可能だと知らせたのは如来が真実であるという理由によるのだ、といって、如来との出会いが語られます。

身はすでに環境とバラバラではない身であり、その環境を離れて心もなく、しかも、自分一身がこよなく気になる我が身において、どのような行による回向も期待すらできないと深く信ずることができた。なぜ、信ずることができたのか。それは疑う余地のないことであったからです。真実信心によるからです。

そして、そのように信ずることができたとき、はからずも転換が生ずるのです。それは人間を超えて向こうにあると考えられていたもの、つまり、回向によってこちらに獲得したいと考えてたのみとしていたもの、それらはすべて仮のもの、虚偽なるものと知られ、いわゆる自力の回向を体とする宗教心から解き放たれ、はからずも独り立ちするのです。自力の回向をたのみとしないものとなって独り立ちするのです。

しかも、自分が信ぜられたとき、凡夫と信ぜられますので、我が身は他の人より特別変わった者ではない、苦悩の海にほんろうされるほかない群生《ぐんじょう》――つまり、群れをなして生きる者のことであり、特別な例外者は誰ひとりとしていないということです――、その群生の一人と知ります。そこに、善人、悪人や身分などの差別はまったく故のない作り事だと知ると同時に、この身がそういう差別を作りつづける種を生みだす身であることも知ります。ここに、はからずもまた痛ましいまでに暗黒な身について深い懺悔《さんげ》の心が生じます。

親鸞が「煩悩の海」「生死の海」「群生の海」と語るとき、まことに深い懺悔の心が動いていたのでしょう。この懺悔の心をともなって、私たちに「同朋《とも》」の眼が生じます。

自力の回向を頼みとしている間、自分一身を賢なるもの善なるものとして捉え、自己保身、自己拡大に窮々《きゅうきゅう》とし、ひたすら、失敗を恐れ、悪を恐れ、苦難におののいてきたものが、自らを凡夫と信ずることができたことで、もはや、人間の上に恐れおののかせるものを見ず、下にさげすむ者を見ないという大きな転換が果たされたのです。

私たちに計《はか》らわずして得られたこの転換は、自力の回向によるのではなかった。それこそ他力の回向と呼ぶべきものです。この他力の回向によって自身を信ずることができたという証拠が得られた。そして、それによって如来は理屈でもなく、理想でもなく、我らの信心となっておわしますことがはっきりしたのです。

ここに浄土真宗があります。

生きぬく道

謹《つつし》んで浄土真宗を案ずるに、二種の回向《えこう》あり。一つには往相《おうそう》、二つには還相《げんそう》なり。往相《おうそう》の回向《えこう》について、真実の教行信証《きょうぎょうしんしょう》あり。（聖典一五二頁）

これは以前にふれましたように『教行信証』冒頭の一節です。回向についてはすでに申しましたが、親鸞はなぜこの回向について、往相（往《ゆ》く相《すがた》）、還相（もどる相《すがた》）というのでしょうか。また、それは私たちの生活とどのような関係をもつのでしょうか。

静かに私たち自身の生活の様《さま》を考えてみましょう。我が身と我が環境とに悪戦苦闘を重ね、ふと立ち止まってみると、不本意な生き方になっていることに気づき、がく然とすることがあります。前に向かって進んできたはずなのに、どこへ向かっているのかわからなくなることもあります。また、自分の立っていた場所がガラガラと崩《くず》れることもあります。

そして私たちはいつも同じ所に立ち返らされます。「自分は一体何をしてきたのか、自分がわからなくなった」と。人生の辛酸《しんさん》をなめてきた人であるならば、深い嘆息《たんそく》とともに「自分がわからなくなった」とつぶやいた憶《おぼ》えがありましょう。

親鸞が言うとおり、たしかに、「行《ぎょう》に迷《まど》い信に惑《まど》い、心昏《くら》く識寡《さとりすく》なく、悪重く障《さわり》多きもの」（聖典一四九頁）という自分にぶつかるのが私たちの人生です。そして、そのことにもっとも深くうなずくのもまた親鸞です。

無明長夜《むみょうじょうや》の燈炬《とうこ》なり

智眼《ちげん》くらしとかなしむな
生死大海《しょうじだいかい》の船筏《せんばつ》なり
罪障《ざいしょう》おもしとなげかざれ
願力無窮《がんりきむぐう》にましませば
罪業深重《ざいごうじんじゅう》もおもからず
仏智無辺《ぶっちむへん》にましませば
散乱放逸《さんらんほういつ》もすてられず

（聖典五〇三頁）

これは『正像末和讃』の中でうたわれたものです。

ここには人生への深い痛みと悲しさが、いたわりをもってうたわれております。と同時に、その人生を生きぬく力も感じられます。

しかし、これは親鸞が別に私たちに同情して、私たちに合わせてうたわれたのではありません。これが親鸞にとって「浄土真宗」であったからにちがいありません。闇夜の中に光を見い出し、おしつぶされるような業縁の中に立ちあがる場を知ることこそ、「浄土真宗」に帰することなのでしょう。

先に「自分がわからなくなった」と申しましたが、それは自分を了解し、納得していたというつもりが破れたことを意味します。ふだん、私たちは我が身に納得して生きているのですが、思わぬ業縁に出会って、「なぜ自分が、どうして」と叫ぶ時に、知っていた「つもり」になっていたことを知り、人生の深さに思い至るのです。そして、それはそのままで我が身の深さを意味します。そのために私たちは我が身に恐れすら感じます。

私たちは、そういう身を我が身として納得して生きようとしているのです。時には「運命」といって、ある時には「しようがない」といって納得しようとするのです。しかし、どのような了解も我が身に納得することに至らないのでしょう。どうしても、我が身が信ぜられないのでしょう。このような私たちにとって、次のようなうたは驚きといわなければなりません。

煩悩《ぼんのう》具足と信知して

本願力《りき》に乗ずれば
すなわち穢身《えしん》すてはてて
法性常楽《ほっしょうじょうらく》証せしむ

（『高僧和讃』聖典四九六頁）

これは善導大師の徳を讃えられた「和讃」の中の一首です。ここで大事なことは「煩悩具足と信知する」ことです。具足といいますのは円満・成就して欠けることのないことを意味します。縁さえあれば、いかようにも振る舞う身であり、苦悩の心の尽きない身であることを信ずることができたという意味です。納得できない、信ぜられないと嘆く私たちと、まったく反対のことをいわれております。

この違いは何に由来するかといえば、念仏の受け取りによります。私たちの多くは「どうしようもないから念仏する、こうなれば念仏しかない」という念仏の受け取りをしてしまいます。これでは「どうでもいい」ということと大差ないことになります。そして、また、念仏は何の解決ももたらさないものになります。

善導・親鸞がいう念仏は、「ただ念仏」です。「念仏もうさんとおもいたつこころのおこるとき、すなわち摂取不捨《せっしゅふしゃ》の利益《りやく》にあずけしめたまうなり」（聖典六二六頁）とあって、念仏申すことが解決なのです。我が身はたのみとなるものではないことを知らせるものこそ、念仏申せという如来の光です。

ここに真実との出会いがあります。我が身としているこの身は、いかなることば、了解をもってしても包むことのできるほど都合のよいものではなく、深く暗く広いということが真実であったということです。このような意味から親鸞は衆生海・群生海というように「海」の字をもって私たちの身の、深さ・暗さ・広さをあらわされたのでしょう。

如来をたのむものとなって、はじめて我が身の罪業の深さ、智慧のなさを嘆く心より解き放たれて、如来を大地として立つことができ、もっとも深い落ち着きを得ることができるのです。

親鸞はこの「如来を大地として立つこと」を次のように格調高く述べています。

よく真実報土を得しめ、よく邪正《じゃしょう》の道路を弁ず。よく愚痴《ぐち》海を竭《かわ》かして、よく願海に流入《るにゅう》せしむ。一切智船《ちせん》に乗ぜしめて、もろもろの群生《ぐんじょう》海に浮《う》かぶ。

（『教行信証』聖典二〇二―三頁）

如来をたのむ者となることで道が開かれる、と親鸞はいうのです。途方にくれて、すべてがイヤになってしまう私たちに道が開かれるというのです。これを親鸞は往相の回向といわれたのです。

この人生を生きぬく道が如来をたのむことによって開かれ、もっとも深い「人間」の目覚めが、私たち、業・煩悩に悩む身に輝き、この群生海を生きぬく道となることを往相の回向といわれたのです。

この世が課題となる

前回、往相の回向について述べました。要をとっていえば、念仏申すところに道が開かれる、行きづまりが超えられるということでしょう。

如来《にょらい》の作願《さがん》をたずぬれば
苦悩《くのう》の有情《うじょう》をすてずして
回向《えこう》を首《しゅ》としたまいて
大悲心をば成就せり

（聖典五〇三頁）

これは『正像末和讃』の一首です。意味は、如来が行を行ぜられて、私たち苦悩の衆生に如来の徳を実現されたということです。如来の徳としてあった真実が私たちのものとなったといわれるのです。そして、その真実は疑う余地なく我が身が信ぜられる智慧となって実現するのです。

自分に納得しようとして、「しようがないではないか」と自嘲《じちょう》気味《ぎみ》にしか受け取れなかった自分に対して、疑う余地なく信ずることができたというのですから、あたかも、すべてがそれによって支えられる大地を発見したようなものです。

如来の真実は、有為《うい》転変《てんぺん》きわまりない身を支える大地として私たちに実現するのです。これが往相の回向の意味です。確かな足どりで、燃えさかるこの世界を歩む者となることができるのです。これが私たちの救いです。自分の都合よくなることが救いではありません。自分の欲が満足することが救いではありません。自分が生きていける道が、大地が見つかることが救いでしょう。

この道を善導大師は白道《びゃくどう》（＝白い道）といわれ、親鸞はそれを受けてさらに詳細に述べられます。

「白道《びゃくどう》」とは、「白」の言《ごん》は黒《こく》に対するなり。「白」は、すなわちこれ選択摂取《せんじゃくせっしゅ》の白業《びゃくごう》、往相回向《おうそうえこう》の浄業なり。「黒《こく》」は、すなわちこれ無《む》明煩悩《みょうぼんのう》の黒業、二乗・人《にん》天《でん》の雑善《ぞうぜん》なり。「道」の言《ごん》は、路《ろ》に対せるなり。「道」は、すなわちこれ本願一実の直道《じきどう》、大般涅槃無上《だいはつねはんむじょう》の大道なり。

（『教行信証』聖典二三四頁）

この白道を親鸞は、「往相回向の浄業」といって念仏によってあるものであると教えています。それは念仏申すというところに、私たちの業・煩悩の世界と如来の世界との境界線がたつことを意味します。この境界線が白道といわれるのです。

私たちはよく「心さえしっかり持てば」とか、「浄土といっても心の中にあることだ」とかいいます。一見、正しいようにも聞こえますが、なかなかいったとおりになりません。なぜかといいますと、しっかりした心と不安な心との境界がはっきりしないからですし、浄土をあらわすような心と日ごろの心との境界線がたたないからです。しっかりした心と不安な心が入り乱れて、わけがわからなくなるのが私たちの常です。これと同じように如来の世界と私たちの世界との境界も、私たちは自分で作りあげているのです。落ち着いた心、しみじみした心になった時など、如来の世界に入ったような気になります。これでは、ざわめく日常の心から如来の世界へ越境したことになります。あたかも境界線がないようでありますけれども、縁に出会えば冷厳な現実に引き戻され、「神も仏もあるものか」となってしまいます。これも、如来の世界と私たちの世界の境界がはっきりしないことから生ずるのです。

また、人生の経験を重ねていきますと、「娑婆はどこまでいっても娑婆だ」と、まったくこの世に光などないといいたくなります。ほとんどといってよいほど私たちはそう考えています。この場合、如来との世界の境界はどこへいくかと申しますと、

「死ぬこと」の方にたつことになります。死を境界線として、この世と如来の世界が区別だてられます。「幽明境《ゆうめい》を異にして」ということばや「冥福をお祈りします。安らかにお眠りください」ということばは、「死」という境界線を超えなければ、私たちに安らかな世界は手に入らないことを示しています。

もし、「死」という境界を超えなければ如来の世界と出会えないとするなら、私たちが生きているかぎり、如来と私たちはまったく没交渉《ぼっこうしょう》となります。祈ろうと願おうとまったく関係ないことになります。これも境界線がはっきりしないことから起こる問題です。

すると当然、死んでから如来の世界に出会うことなど意味がない、生きている時でなければとなります。それはそうに違いないのですが、これも先にいいましたように、越境してみたり、遠く隔《へだ》たってみえたりして、やはり境界がはっきりしないのです。

親鸞は、我が力で如来と私たちの世界とを区別だてようとすることを、「自力のはからい」といいます。

義ということは、はからうことばなり。行者のはからいは自力なれば、義というなり。他力は、本願を信楽《しんぎょう》して往生必定《おうじょうひつじょう》なるゆえに、さらに義なしとなり。しかれば、わがみ《（身）》のわるければいかでか如来むかえたまわんとおもうべからず。凡夫《ぼんぶ》はもとより煩悩具足《ぼんのうぐそく》したるゆえに、わるきものとおもうべし。また、わがこころよければ往生すべしとおもうべからず。自力の御はからいにては真実の報土《ほうど》へうまるべからざるなり。

（『血脈文集』聖典五九四頁）

境界は、自分の判断によってたつのではないことを教えられたことばです。

如来の世界と私たちの世界との境界は、実に如来によってたつのです。如来の存在が境界線となるのです。この境界線が白道といわれるのであり、この白道を歩むことが、この世を出でて、しかもこの世を捨てない、かえってこの世が課題となることから還相の回向という意味をもち、自利利他を行ずる菩薩の意義が凡夫人の上に展開する、と親鸞はいうのです。

もともとこの往・還二回向は、仏陀のさとりが衆生の現実となり歴史となって連続する原理的な意味をあらわすのですが、それは私たちの存在が時間（タテのつながり）・空間（ヨコのつながり）を生きるものであることに関係しているのです。そしてタテ・ヨコのつながりは、いうまでもなく自・他の関係を意味します。ですから人間関係といえば、自利と利他の関係にほかなりません。

親鸞は、念仏の法が、この自利利他を満たす意義をもつことを二回向であらわされたのでしょう。

浄土との出会い

一線を画す世界

五濁悪世《ごじょくあくせ》のわれらこそ
金剛《こんごう》の信心ばかりにて
ながく生死《しょうじ》をすてはてて
自然《じねん》の浄土《じょうど》にいたるなれ

（聖典四九六頁）

これは善導大師を讃えられた「和讃」の一首です。浄土宗といい、浄土真宗といい、ともに「浄土」の名がついています。今日の私たちも「浄土」ということばを知っておりますが、理解はまちまちになっております。

ある人は死後の世界だと考えており、またある人は理想世界だと理解しており、そして、「そもそもそんな世界があるのか、ないのか」といった論議にすらなります。ところが、この浄土と仏教とはどのような関係になっているのか、また、念仏とはどうなるのかといったことはなかなか問題になりません。それほど「浄土」ということがわからなくなってしまったのでしょう。

では、「浄土」というのはどういうことなのでしょう。それはまず、「仏陀とは何か」に答えたものといえます。もっといえば、仏陀という「いわれ」をかたどったものです。ふつうには、仏陀といえばお釈迦さまのことだと私たちは考えるのですが、実は釈迦如来も仏陀といういわれのわずかをあらわしたものであると、大乗の仏教徒たちは考えたのです。それには理由があります。それは釈迦如来はわずかに八十年の時間を生きられた方であり、人びとを教え、さとらしめられるといっても、きわめてかぎられたことです。

これに対して、苦悩の民衆はあとを絶ちません。そうすると、釈迦如来の時代の後に生まれた人びとは、仏教とは縁のないものとなるのであろうか。こうしたことが機縁となって、仏陀とはいかなることであろうかとたずねて、あの膨大《ぼうだい》な量の大乗の経典が生まれてきたのです。そこから、あらゆる人びと——男であれ、女であれ、優・劣・善・悪を問わず、簡《えら》ばず——を教え、さとらしめるものこそ仏陀であるとの理解が生じてきたのです。このことから、仏陀を表現するのに「無量・無辺」とか「広大・甚深」とか「大空・大海・大地のごとし」といったことばが使われてきたのです。

今、私たちが使う「浄土」ということばも、この仏陀の広大・無辺の意義をあらわしたものにほかなりません。ですから、単に私たちの理想的な世界を意味するものではないのです。しかし、それはそのとおりなのですが、理想という意味がないわけではありません。といいますのは、いかに浄土が仏陀の意義をあらわすといいましても、それを求める人びとがなければ浄土を表現した意味がありません。そこで、あたかも浄土が私たちの理想をあらわすように説くことで、私たちに仏陀を求めさせようとする意図が隠されているのです。浄土が金・銀をはじめとする宝でできていると示されるのも、衣・食・住に心を悩ますことがないと説かれているのも、暑からず寒からずといわれるのも、ひとつには私たちに仏陀の意義を知らせ、求めさせんがためなのです。

先ほど、仏陀の意義は「無量・無辺・広大」だといいましたが、小さな「我」にとらわれ、世間の眼を気にし、さまざまなものにお伺いを立てながら生きている私たちに、広大・無辺な世界を知らせ、深い自信をもってこの世を生かさせんがために浄土として仏陀があらわされたのです。仏陀だけが広大ではないのです、私たちも広大という意味をもっているのです。

すると、次に当然疑問が生じます。浄土の意味はわかるが、そんな浄土はどこに建てられたのか、と。

これについて、私たちにも親しい『阿弥陀経』という経典では、「これより西方《さいほう》に、十万億《じゅうまんおく》の仏土《ぶつど》を過ぎて、世界あり、名づけて極楽《ごくらく》と曰《い》う」（聖典一二六頁）とあります。ここでいわれます「是《これ》より」の「是」とは私たちの経験する世界、いわゆる娑婆世界のことです。すると浄土の世界とは、この娑婆世界を超え、過ぎてあるという意味になります。この経典のことばは、何を私たちに教えようとしているのでしょうか。

この世を超え過ぎているということは、やはり、死後の世界にあるということをいうのでしょうか。また、この世にあるわけではないから、やはり、理想でしかないということをいうのでしょうか。

そうではありません。この世界を超え過ぎているということは、この世はどんな意味においても浄土ではないということをいうのです。つまり、心のもち方で浄土があるように思ったり、また、現在心配することがないからといって、この世に浄土があるかのように考えてはならないということを教えたのです。

この世はどこまでもこの世であり、娑婆という字が示すとおり、力が物をいう世界であり、ごく一部のおごる者があって、他の多くのものは我慢を強いられている世界です。そんな世界の中にどうして浄土があるといえましょうか。もし、あると考えている人は夢を見ている人でしょう。では逆に、この世はどこまでもこの世であって、浄土ではないとしますと、ただただ我慢を強いられつづけて終わるのかという問題がでてきます。

ここに、「これより西方に、十万億の仏土を過ぎて、世界あり」という場合の、「世界あり」ということが大事なことになってきます。この「世界あり」という表現は、私たちに、娑婆世界は私たちの最後の世界ではない、必ずそれを超えて世界に出会うことを示したことばです。

打ちつづく苦悩の世界が最後の世界ではない。死とともに終わる世界が最後の世界ではない、と。これによって、かえって私たちに生きる勇気を与えたのです。

生死を出る

浄土はどこにあるのか。この娑婆世界を超えてあると『阿弥陀経』は教えています。それは、仏陀の世界が私たちの世界と一線を画していることを教えたのです。私たちの世界は、眼や耳や皮膚、口などの感覚を通して経験的に知られるものです。ところが浄土はこの世界と一線を画するのですから、ことばやこころによって直接知られないことを意味します。そうしますと、浄土はこの世界を超え過ぎてあるといいましても、私たちには取りつくしまがないことになってしまいます。あるといっても無いに等しいことになり、そして、ついに浄土はわけのわからないものになってしまいます。

どうして、このようなことになるのでしょうか。それは浄土があるとした場合、どのようなあり方であるのか、そしてまた、浄土があるといった時に私たちの世界はどうなるのか、といったことが問われないからです。

浄土があるといえば、私たちは私たちの経験で知っている「山がある、川がある」といった「ある」を考えるものですから、この世と一線を画して「ある」といわれるとわからなくなるのです。そして、もし私たちが知っているようなあり方で浄土があるとすれば、この世界の延長に考えられたものであり、考えられたものであるかぎり、つくりものにならざるをえません。浄土が私たちの考えでつくられたものであれば、仏陀もつくりごとになってしまいます。もし、仏陀がつくりごとであれば仏教全体が信用できないものになります。

そうではないのでしょう。逆なのです。この世と一線を画すことで、私たちの世界こそつくりごとの世界であることを教えたのです。この世界をつくりあげているあらゆる制度はつくりごとなのです。また、その制度の上でなされるあらゆる人間の評価はすべて真実ではなく、つくりごとです。つねづね、親鸞が語っていたといわれる「煩悩《ぼんのう》具足《ぐそく》の凡夫《ぼんぶ》、火宅無常《かたくむじょう》の世界は、よろずのこと、みなもって、そらごとたわごと、まことあることなきに、ただ念仏のみぞまことにておわします」（『歎異抄』聖典六四〇—一頁）ということばは、いかに私たちの世界が徹底してつくりごとの世界であるかを述べたものです。

しかし、私たちは容易にこの世界がすべて、例外なく「そらごと、たわごと」のつくりごとの世界であることに目を覚ますことができません。そのために、つくりごとを本当のようにしてしまい、つくりごとの制度が生みだした、つくりごとの人間像にふりまわされ、つくりごとの判定・評価に自他ともに苦しんでいるのでしょう。

それで、もし、このつくりごとの世界に耐えられずにこの世界と別な世界を考え、たとえその世界を浄土と名づけたとしましても、つくりごとであることには変わりありません。つくりごとの世界を延長したにすぎないからです。

親鸞が「ただ念仏のみぞまことにておわします」といいきられるのは、浄土の世界があるということは、「山や川がある」といった「あり方」ではなくて、私たちの世界がどのような世界であるかを徹底して知らせるものとして「ある」、と了解しているからにほかなりません。

浄土があるとは、自分自身と自分とともにある世界がまったくの虚偽としてあり、優劣・善悪が実体としてあるのではなく、ただ同じく業・煩悩を生きる群生《ぐんじょう》、群萌《ぐんもう》であることに目覚めることであったのです。

先に、浄土の世界があるとした場合、私たちの世界はどうなるのでしょうか、と問いを出しましたが、浄土があるとは、「海の向こうにアメリカがある」といったあり方ではないのです。浄土があるとは、私たちや私たちの世界全体の「そらごと、たわごと」を知る、目覚めのはたらきとしてあるのです。

私たちの世界と一線を画して、その場所が示された浄土は、私たちに私たちや私たちの世界のすがたを徹底して示すことで、私たちをその世界から出させるのです。その意味では、私たちはこの世界で出るに出られず、どうしたらよいかわからないままにいるのでしょう。出るといえば、私たちには死ぬことのようにしか考えられないのでしょう。

もし、浄土真宗はこの世界を出ることを教えているといえば、私たちはそれは逃避であると受けとるでしょう。もっと前向きに生きよ、ともいうでしょう。だから、宗教はだめなのだ、この世を改革するのが本当だ、とも考えるでしょう。ところが、立ちどまって、よく自分の生きていることを考えた時、この世で何をしようとしているのか、何を期待して生きているのか、あちこち首を突っ込んでみるがどこまで本気なのやら自分でもよくわからず、この自分自身とこの世界を生きているように思われます。そして、何に悪戦苦闘してきたのか、自分の人生全体がどれほど他の人にとって意味があったのかもよくわからないままに終焉《しゅうえん》を迎えるのが、私たちのこの世界にある相《すがた》といえましょう。

このような私たちに人生の相《すがた》と意義を「生死を出る」、別のことばでいえば、「往生」ということで教えたのが「浄土」の意義なのでしょう。

虚偽の中で虚偽を重ね、あなたは何者になろうとするのか、と私たちと私たちの世界の真相を照らしだし、その世界から私たちを出させることが往生です。往生は私たちと仏陀の世界との出会いをあらわすものです。死後に浄土を考えるものは、浄土をつくりごととするものであり、この自身とこの世界にまだ夢みる人といわなければなりません。

そして、親鸞はこの浄土と私たちとの出会いは念仏によると教えられたのです。

穢身・穢土と見い出したもの

「極楽《ごくらく》」ともうすは、かの安楽浄土《あんらくじょうど》なり。よろずのたのしみつねにして、くるしみまじわらざるなり。かのくにをば安養《あんにょう》といえり。（中略）「涅槃界《ねはんがい》」というは、無明《むみょう》のまどいをひるがえして、無上涅槃《ねはん》のさとりをひらくなり。「界」は、さかいという。さとりをひらくさかいなり。

（聖典五五三頁）

これは『唯信鈔文意』の一節です。この文によれば、親鸞にとって浄土とは、まず何を措《お》いても仏陀の「さとり」の世界をあらわすものなのです。さとりの世界であればこそ、私たち自身に目覚めが生ずるのです。

また、次のようにもいわれます。

娑婆世界《しやばせかい》をたちすてて、流転生死《るてんしようじ》をこえはなれてゆきさるというなり。安養《あんによう》浄土《じようど》に往生をうべしとなり。安養というは弥陀《みだ》をほめたてまつるみことゝみえたり。すなわち安楽浄土なり。（聖典五一四頁）

これは『尊号真像銘文』と呼ばれる著作の中の一節ですが、安楽浄土とは願いさえすれば往けるものではなく、流転生死を超え離れて出会えるものであることが示されています。

ところが、私たちにはっきりしないのは「この世を超え離れる」ということです。この同じことを古来、「生死を離れる」ということばであらわしてきたのですが、このようなことばでいわれると、現在の私たちの生活意識とかけ離れたことのように思われがちです。しかし、そうではありません。といいますのは、私たちは絶えず「どうしたらよいのだろうか」とつぶやき、「もう疲れた、もう厭《いや》になった」ともいいます。これは私たちの未来がふさがって、出口が見つからないことをあらわします。眼に見えない壁があるのです。そんな中で、壁の周辺を重い身体を引きずりながら、「どうしようもない」と這《は》い回っているのが私たちの姿といえます。そして、なかなかこの壁の正体がはっきりしないのです。その意味では「生死を離れる」とは、人間の心が求めるというよりは、全身を挙げて求めているものです。

この私たちの現実に対して、「浄土往生」の道が建てられてきたのです。この正体不明の壁を過ぎ出る道が私たちの足下から始まっていることを教えてきたものが、浄土教の歴史だったのです。これは私たちの人生に大きな意味を与えてきたのです。知らないうちに生まれ、知らないうちに死することのようにしか思われなかった人生に、それだけではないものがある、ということで、改めて私たちに人生を問わしめた意味がこの浄土の教えにはあります。

私たちは誰も不本意には生きたくはありません。しかし、どうなれば不本意でなくなるのかが、よくわからないのです。また、誰も彼も自信をもってこの世を生きていきたいのです。しかし、どうなることが自信をもった生き方であるかが、わからないのです。自分の心に浮かび、考えられたことだからといって、必ずしも正しいわけでもありません。としますと、壁は外だけにあるのではなく、いちばん頼りにしている自分自身のところにもあることになります。

ところが、この自分自身が壁となっていることは、もっとも知り難《がた》いのです。他のさまざまなことはよく見え、よくわかるのですが、肝心《かんじん》の自分が見えないのです。まことに不思議なことです。このことを親鸞は「凡夫《ぼんぶ》というは、無明煩悩《むみょうぼんのう》われらがみにみちみちて」(『一念多念文意』聖典五四五頁)といわれています。

この、私たちが問題をもつ身であることが了解されないで浄土を考えますと、浄土は困っている、力弱いものをなぐさめ、たすけてくれるもののようになってしまって、「仏陀のさとり」をあらわす意味が失われます。そして、浄土をさとりの世界でなく慰めの世界として求めますと、問題をもつ身がそのままにされて、自分をどこかで人生の被害者のように考えてしまいます。たすけられて当然な被害者となって、人生への責任が感ぜられなくなってしまいます。

親鸞が自らを「罪悪深重」というのは、自分の人生への責任を語ったのでしょう。

ところが、私たちはそうではありません。自分はやるだけのことはやったのだから、自分は被害者である、もし、この自分がたすからなければ誰がたすかるであろうか、とひそかに考えています。ややもすれば、このような被害者である私たちのために浄土が用意されているのだとすら思います。

しかし、親鸞はそんなあり方をする人を「自力作善」の善人だといいます。そして、その自らを被害者とする善人は、浄土を建てられた仏陀の意を知らないものだ、ともいいます。以前に、浄土は私たちの世界と一線を画している世界だと申しましたが、善人は被害者の意識によって、浄土があって当然だとしますので、いつの間にか、この世の延長上に浄土を建ててしまうのです。

しかし、すでにして自分自身に暗い存在であり、壁となってしまう存在であることに気づくことがもしあるならば、自らを被害者としてたてることがまったく愚かで、恥ずかしいことだと知られてくるでしょう。

ここに方向が大きく転換いたします。はじめて、この身・この世のすがたが明らかになります。この身・この世が為《な》してきたこと、今為しつつあること、そして、将来にわたって為すであろうことのすべてが無明の心をもととして為されてきたものであり、清らかな業ではなかったと知られます。そして、ここにこの身・この世が穢身《えしん》・穢土《えど》と見い出されたのです。そして、穢身・穢土と見い出したものこそ、如来の智慧にほかならなかったのです。

このことを「「涅槃界《ねはんがい》」というは、無明《むみょう》のまどいをひるがえして、無上涅槃《ねはん》のさとりをひらくなり」といわれたのでしょう。

煩悩《ぼんのう》具足と信知して
本願力《りき》に乗ずれば
すなわち穢身《えしん》すてはてて
法性《ほっしょう》常楽《じょうらく》証せしむ

（『高僧和讃』聖典四九六頁）

といわれるゆえんであります。

照らすものとの出会い

法然上人に、「聖道門の修行は、智慧をきわめて生死をはなれ、浄土門の修行は、愚痴に返《かえ》りて極楽にむまる」（『和語燈録』諸人伝説の詞）ということばがあります。これは、私たちが仏陀のさとりを得ようとした場合にどのような道があるかについて教えられたものであり、そして、私たち在家止住《ざいけしじゅう》の者には浄土門をすすめられたことばであります。

先回にも申しましたように、私たちは全身を挙げて、自分の人生が「どうしようもない、仕方ない」で過ぎ去らないことを求めているものです。それを別のことばでいえば、「生死を離れる」ということです。その意味では、私たちは悪戦苦闘して生死を離れようとして生きているといえましょう。出家して修行する者だけが「生死を離れよう」としているのではありません。むしろ、恵まれない者の方が「こんなままで終わりとなるとすれば我慢できない」と強く感じ、それだけに「生死を離れよう」とする心は切なるものといわなければなりません。

この「生死を離れる」道として仏教には二つの道があり、浄土門の「往生極楽の道」は善人にも悪人にも等しく開かれている、と法然上人はいわれるのです。簡単にいえば、「どうしようもない、といって人生を終わらせたくないと願うなら、往生極楽の道によりなさい」ということになります。そして、これが法然・親鸞のすすめた仏道なのです。

ここで注意しなければならないことがあります。それは「生死を離れる」とは、その心からいって、もっとも深く現在に生きることを願うことであり、自分に納得してこの世を生きることを願うことであるということです。ともすれば「生死を離れる」といえば、この世を逃がれ未来に期待するような生き方を連想してしまいますが、まったく違うのです。誰もが願い、また願わざるをえないことなのです。なぜなら、自分の人生をどうでもよいと考える人はいないからです。

ところが、この「生死を離れる」ことが本当に満足するかということになった時に、ほとんどの民衆は仏道から省《はぶ》かれてきたのです。そのことを法然上人は、「聖道門の修行は智慧を極めて生死を離るるをいう」といわれたのです。つまり、現在を深く生き、自分に納得して生きようと思うなら、準備が必要だというのです。そして、その準備は簡単で短期間であるかといえば、智慧を極め、無明煩悩を対治しなければならないほどの準備が必要であるというのです。それであれば、準備している間に生命《いのち》が終わるかもしれない。そんなことであれば、庶民はもとより、出家者たちでもかなわない道になります。

もしそうなりますと、「生死を離れる道」をどこに求めたらよいのか。ここに、仏道でなくとも世間の中に求めてもよいのではないか、という疑問が生じます。現に私たちは、悪戦苦闘して世間の中に「生死を離れること」をさがしていて、そこに問題を感じてさらに深く「生死を離れること」を願って生きているのです。

別の言い方をしますと、私たちは現在、この世界に深く生きようとして生きられないものですから、なお一層、全身を挙げて求めているのです。そして、求めても得られない原因ばかりが数えられて、一向《いっこう》にはっきりしないのが世間に求めたときの結果でしょう。このように仏教にも、世間の中にも道がないとすれば、「生死を離れよう」と願うこの自分はどうなるのか、こういう問題に親鸞や同時代の民衆もぶつかったのであり、今日の私たちも同じであるといえましょう。

この問題に法然上人は、「浄土門の修行は、愚痴に返《かえ》りて極楽にむまる《（生）》」と答えたのです。ここにいわれる「愚痴に返りて」とは自分自身に立ち返ることを意味します。そして、自分自身に立ち返ることが極楽に生まれることだといわれるのです。

私たちははじめから自分自身を生きているつもりです。ですから、なかなか自分自身を問うことができません。自分を問うことなしに「生死を離れん」とすることは、自分の外側にのみ、生死を離れることのできない理由を見ることになります。自分の外側にあるものは同時に自分の中にあるものです。自分が深く生きられない理由を外にのみ見る人は、あたかも浮き輪をつけながら潜《もぐ》ろうとすることによく似ています。つまり、深く潜れないのは水の性質が悪いためだ、と批難することと同じことなのです。水を批難しながら、浮き輪をつけている自分に気づかないのです。浮き輪をつけていることが私たちに深く生きていきたいと願わしめるのですが、その浮き輪をつけていることが同時に深く生きさせない理由でもあるのです。

今ここにたとえました浮き輪とは、私たちの名利心《みょうりしん》のことです。名利の満足を追求していることが名利のゆえに不安なのであり、だからこそ確かな人生を求めさせるのですが、また同時に、その同じ名利心によって自身に納得して生きられないのです。

このような自己矛盾をかかえた自分を生きていることに目覚めることが、「愚痴に返ること」なのです。矛盾を生きながら、矛盾の解消を願うことはできない相談です。このできないことを死に至るまで一生懸命するのですから、愚かな者、愚痴な者といわざるをえません。この愚痴なことを私たちは昨日・今日はじめたのではありません。「私」が、といいだしたときからすでにはじまっているのです。だから「愚痴に返る」といわれるのです。「返る」とは気づくことです。これに気づくには、この身・この世の全体を照らしだすものと出会わなければなりません。それを「極楽」といわれたのです。

この世において、しかも現在に深く生きようとすれば、この身・この世のもつ矛盾を照らす、この世・この身を超えたものに自分自身の基礎をもたなければならないのです。これを「極楽に生まる」というのです。この極楽に生まれることは念仏によるのです。
ここに、多くの人びとは生死を離れる道を念仏往生の道に見い出していったのです。

この世界への責任

たとい大千世界に
みてらん火をもすぎゆきて
仏《ぶつ》の御名《みな》をきくひとは
ながく不退にかなうなり
（聖典四八一頁）

これは『浄土和讃』の一首です。親鸞が『大無量寿経』のことばによって作られた和讃です。これによって、私たちの世界は火で燃えさかっており、その中で私たちは痛ましくも焼かれていることが教えられます。

しかし、私たちには必ずしも焼かれている自覚がありません。ところが全然ないかといえば、そうではなく、「ひどい世の中になった」とか、「これから世の中どうなっていくのだろう」と悲嘆したり、不安に思ったりしています。火の粉が飛んできているることを感じてはいるのです。しかし、よもや自分は焼かれないと思っているのです。これが私たち、ほとんどの者のとる態度ではないでしょうか。この態度に立つかぎり、火の粉はどこまでも横から飛んでくるのであり、自分たちはその被害者だと思わざるをえません。

このように考えられるには理由があります。それは、私たちはすでにある環境の中に生まれてきたという考え方をもっているのです。これは一見、正しそうに見えますが、実際はそうではありません。私たちは環境とともに生まれ育ってきたのです。時代・社会を受け容れ、またそれに反応しながら育ってきたのが私たちですから、一方的な被害者であることはありえないのです。

このように環境と私たちは切ることはできないのです。この切っても切れない関係を「縁」と教えてきたのが仏教です。その意味では、私たちは縁を生きる存在です。

縁に会い、縁に揺り動かされながら自分自身を形成してきたのです。そして、私たちはどのような縁に会うかわからないのです。また、縁にあってどのように振る舞うかも予想できないのです。

さらに「縁」には広い意味があって、人間が縁にもなりますし、自然が縁にもなります。人間が縁になる場合が「衆生縁《しゅじょうえん》」といわれ、自然や物は「法縁《ほうえん》」と古来いわれてきました。この衆生縁・法縁によって教えられることは、私たちは勝手に生き、ひとりでに成長してきたのではないということであり、何ごとも「私には関係ないよ」とはいえないということです。

この世界は単に物質的な世界ではありません。この世界は縁によってできあがった世界、つまり、業縁《ごうえん》の世界です。また、単に地球という太陽系の一惑星でもありませんし、まして私たちはそこへ偶然に住みついたのでもありません。ですから、私たちが深い責任を感ぜざるをえない世界なのです。今日、私たちは公害で悩んでいますが、これも業縁の結果であり、私たちが深く責任を感ずべきことでしょう。

この責任を深く感ずることと浄土とは深い関係にあります。浄土ということばは本来、浄仏国土といって、仏国土を浄めるという意味です。ここでいう仏国土とは釈迦如来が教化された私たちの世界のことです。この世界が浄められなければならない、つまり、この世界が穢土—よごれた世界—だということをあらわすものが浄仏国土、浄土という意味になるのです。このように浄土とはこの世に深い責任を感ずることから生まれてきたのです。

『阿弥陀経』に次のようなことばがあります。意訳していいますと、「釈迦如来は誰もできなかったことをなされた。それはこの娑婆世界の五つの濁《にご》り、すなわち、第一に劫濁《こうじょく》—時代のにごり、第二に見濁《けんじょく》—部分的にしか物が見えないことよりおこるにごり、第三に煩悩濁《ぼんのうじょく》—自分と他ときびしく分けて、深く自分に執着することよりおこるにごり、第四に衆生濁《しゅじょうじょく》—自分自身を失って、大衆化し流れのままに流されることよりおこるにごり、第五に命濁《みょうじょく》—生命が感動を失って機械化することから生ずるにごり、これら五つの濁りの中にあって、濁りに染まらない、このうえもないさとりを得、しかも、これらの五濁に染まってしまっている人びとに向かって法を説かれた」ということです。この経典のことばは、釈迦如来がもっとも深くこの世界に責任を感ぜられていたことをあらわしています。

ではなぜ、これら五つの濁りがでてきたのでしょうか。縁を生きるとは分かちあうことなのですが、その縁を生きながら、いつの間にか、我が身一人で生きているような、我が身一人が苦労してきたように思っています。これは私たちのそれとは気づかない、「縁」を知らないまことに深い思い上がりによります。親鸞はそれを「正信偈」で「邪見《じゃけん》・憍慢《きょうまん》の悪衆生《あくしゅじょう》」といっております。まさしく邪見・憍慢の我ら衆生が五濁悪世をつくりながら、その同じ邪見・憍慢の無明によって少しも責任が感ぜられず、かえって被害者だと思っているのです。だからこそ、燃えさかる世界の中にいながら、痛ましくも焼かれていることに、また、なお一層燃やしつづけている当事者であることにも気づかないでいるのでしょう。

本当に悲しむべきことが悲しまれない、痛むべきことが痛めない、恥ずべきことが恥じれないでいるのが私たちの生活ではないのでしょうか。

そうしますと、親鸞がうたった「たとい大千世界に　みてらん火をもすぎゆきて」とは、一人燃えさかる火から出て涼しい顔をすることを意味しません。釈迦如来がそうであったように、私たちも自分の人生と分かちあった業縁の世界に目を覚ますことなのでしょう。

ただ、濁りになれた人に濁りが気にならないように、鈍感になった、まったく愚鈍の衆生になりはてている私たちに目が覚めることがあるとすれば、五濁を超えたものに依らなければなりません。それを「仏の御名を聞く人」と親鸞はいわれたのです。この「仏の御名」こそ、五濁悪世の私たちが何を措《お》いても聞かなければならないものでしょう。

目覚めと行為

浄土はこの私たちの世界に深い痛みをもつ、如来の智慧、大悲心をかたどった世界といえましょう。

誰も彼もそれぞれの事情にしたがって生き、その結果として濁りきった世界になっていても、自分自身のこととして受けとれず流されているのが私たちです。しかも、この世界に満足・安住しているわけではありません。濁った身・心をもって、濁った世界の中で満足・安住することはできないことです。

「願生安楽国《がんしょうあんらくこく》」、安楽国に生まれんと願う、ということばがあります。これは、私たちの住む世界は汚れ、濁った世界であるから、そこを離れ捨てて安楽国に生まれたい、と読むことができます。たしかにそのように理解できますし、今でも多くの人たちはそうした理解をもっているかもしれません。「厭離穢土《えんりえど》、欣求浄土《ごんぐじょうど》」ということばがあることからしてもよくわかりますが、その場合には、浄土は如来の大慈悲をかたどった、という意味がはっきりしなくなります。

これに対して親鸞は、この浄土を経典によりながら「無量光明土」とも「諸智土《しょちど》」ともいいます。光の世界であり、智慧の世界であるというのです。浄土を光明や智慧であらわすのは、私たちに目覚めを開かんがためです。自分自身およびこの世界についての目覚めです。この目覚めがあることで、願生安楽国は仏道になるのです。そうでなければ、浄土の往生は一種の逃避であったり、長生不死のためのものとなってしまいます。

浄土に生まれんと願うことが仏道であるとしますと、往生ということも考え直されなければなりません。私たちの日常では、静かに息を引きとった時には「大往生でした」という場合があります。単に「死にました」というより、「往生しました」というほうが奥ゆかしい感じがしないわけではありませんが、ここに大きな誤解がありま す。つまり、「往生」は本人の自覚に属することであって、他人によって判断されるものではないのです。ひるがえって考えれば、私たちは大変こっけいで、しかも、厚かましいことを「大往生でした」ということでやっているのです。

「即得往生」は、信心をうればすなわち往生すという。すなわち往生すというは、不退転に住するをいう。不退転に住すというは、すなわち正定聚《しょうじょうじゅ》のくらいにさだまるとのたまう御《み》のりなり。これを「即得往生」とはもうすなり。

（聖典五四九—五〇頁）

これは親鸞が『唯信鈔文意』で往生についてのべていることばです。

ここで注意されることは、「信心をうれば」ということです。信心をうるとはどこまでも本人・当人であって、他人ではありません。そして、この「信心」こそ目覚めをあらわすのです。そして、この目覚めは浄土が如来の智慧の世界だからこそ生ずるものです。

インドの論師《ろんじ》、世親（＝天親ともいいますが）その人の作といわれる『浄土論』という書物の最初のところに、「世尊《せそん》、我《われ》一心に、尽十方無碍光如来《じんじつぽうむげこうにょらい》に帰命《きみょう》して、安楽国に生まれんと願ず」（聖典一三五頁）ということばがあります。この『浄土論』が親鸞に大きな影響を与えたことは、親鸞みずからが自分の名にその「親」の一字を付けていることでもわかります。

先の世親のことばからもわかりますように、安楽国、つまり、浄土に生まれようと願うのは仏道をあらわすのです。最初に「世尊よ」と呼びかけているのは、「釈迦如来よ、あなたがこの五濁悪世にあって、この悪世を見捨てずに衆生利益をなさいました。それは、この世を超えた如来の世界に目覚めていらっしゃったからにほかなりません。今、私もあなたがすすめられる念仏に帰してその如来の世界に目覚め、あなたのように仏陀の道を歩いていきたいと思います」ということをいわんがためなのです。親鸞にそのような意味をあらわした「和讃」があります。

安楽浄土《あんらくじようど》にいたるひと
五濁悪世《ごじよくあくせ》にかえりては
釈迦牟尼仏《しやかむにぶつ》のごとくにて
利益《りやく》衆生はきわもなし

（『浄土和讃』聖典四八〇頁）

このように、浄土は如来の世界をあらわし、如来の世界であるからこそ私たちに目覚めが生ずるのです。そしてその目覚めは、私たちの世界が五濁悪世であり、その世界とともにある私たちもまた五濁の身であることに目覚めることです。

この目覚めがありませんと、いつまでも「何とかなるだろう」という夢の中にあることになりますし、また逆に「どうせこの世はこんなところだ」という被害者意識に閉じ込められ、いずれにしても虚《むな》しくこの世に往来することに終わってしまいます。

そして、この目覚めなしに行われる私たちすべての行為、生活の営みは、努力し悪戦苦闘しているのに報われないことになることから、真実の行といわず、虚仮・不実の行といわれるのです。

この目覚めと行為のことが、先の世親のことばでは、「我一心に、尽十方無碍光如来に帰命」するということでいわれたのです。尽十方無碍光如来に帰命することが虚しく終わらない行為ということで、真実の行といわれるのです。この行と目覚めるという信によって、私たちは夢の中で死ぬのでもなく、また被害者意識に閉じ込められて終わるのでなく、この五濁悪世を釈迦如来のごとくに生きる姿勢を獲得できるのです。それを親鸞は「正定聚《しょうじょうじゅ》の位に住す」とも、「不退転に住す」ともいわれたのです。

この行・信によって、いつでも未来を期待し、条件に恵まれないために現在に絶望していた人びとが、仏陀の世界の一員の目覚めをもって、雄々《おお》しく現在にこの世を生きる者となったのです。

しかるに煩悩成就《ぼんのうじょうじゅ》の凡夫《ぼんぶ》、生死罪濁《しょうじざいじょく》の群萌《ぐんもう》、往相回向《おうそうえこう》の心行《しんぎょう》を獲《う》れば、即《そく》の時に大乗正定聚《だいじょうしょうじょうじゅ》の数《かず》に入るなり。

（『教行信証』聖典二八〇頁）

このように親鸞は、気品をもって凡夫の独立をうたいあげています。

叫びに応えて

恩徳《おんどく》広大釈迦如来《しゃかにょらい》
韋提夫人《いだいぶにん》に勅《ちょく》してぞ
光台現国《げんごく》のそのなかに
安楽《あんらく》世界をえらばしむ

（『浄土和讃』聖典四八五頁）

これは『観無量寿経』についてうたわれた和讃の一首です。特にこの和讃は、「浄土」がなぜ、誰のために説かれたかについてうたわれたものです。少し説明いたしましょう。

もともと仏陀の説法は縁を待って説かれるものです。説かれるべき理由があって説かれるのです。因縁があるのです。これは仏教の一つの特徴です。いかに大事なことであっても因縁がなければ説くことはできませんし、説いたところで、受けとめ、さとる者がいないことになります。

この『観無量寿経』にも因縁があります。この因縁によって、阿弥陀仏および浄土が説かれてきたのです。この経典にどのような因縁があったかと申しますと、ご存知の方も多いでしょうが、古代インドの王家の悲劇であります。仏弟子デーバダッタとマガダ国の王子アジャセとしめし合わせて、父親を牢獄に閉じこめ死に至らしめ、母を部屋に閉じ込めた事件が起きたのです。ところが、閉じ込められた母親であり国王の夫人でもある韋提希《いだいけ》が、釈迦如来に「どうしたらよいのか」と泣きながら解決を求めたことから、この家庭崩壊の出来事は、私たちにとっても、仏陀と出会うという一大事を開く機縁となったのです。

夫を奪われ、自分も捕《と》らわれ、しかもそれを為したものがほかならない我が子であり、さらにそれを手助けしたものが尊敬する釈迦如来の弟子であり、従兄でもあったことが、韋提希夫人をして深い絶望の中にたたき落とすことになったのです。もっとも信頼できるとしていた親子のつながりも、仏の法も、もはや頼みとすることができなくなって、立つ場も依るところも失った一人の女性の嘆きが、実にこの『観無量寿経』が説かれる因縁であったのです。親鸞はそれを次のようにいいます。

しかればすなわち、浄邦縁熟《じょうほうえんじゅく》して、調達《じょうだつ》（＝デーバダッタのこと）、闍世《じゃせ》をして逆害を興ぜしむ。浄業《じょうごう》機《き》彰《あらわ》れて、釈迦《しゃか》、韋提《いだい》をして安養《あんにょう》（＝浄土のこと）を選ばしめたまえり。

（『教行信証』聖典一四九頁）

つまり、浄土ということがなぜ説かれたのか、また誰がその浄土を必要とするのかを親鸞はいったのです。

まず、なぜ浄土が説かれたかといえば、この世に起きた出来事は、それが家庭内であっても家庭外であっても、浄土という仏陀の世界に目覚める以外に、どこにおいても解決の道がないからです。また、誰がその浄土に目覚めることができるかといえば、韋提希と同じような環境に押しつぶされて生きる、力弱い者であると親鸞はいいます。親鸞はこの阿弥陀の浄土という仏の法は、まわりの変動によって浮き沈みし、依り所も立つ所もすぐ失って、「もう駄目だ」と叫ぶ私たちの叫び声に応《こた》えてでてきたというのです。いってみれば、私たちの現実が仏陀をして浄土の法を説かしめたのです。ですから、このような因縁があって説かれた浄土の法であってみれば、決して架空上の、神話的な世界をあらわすものでないことが理解されなければなりません。

最初にいいました「和讃」の中に、「光台現国のそのなかに　安楽世界をえらばしむ」とありましたが、光台現国とは釈迦如来の頭のところに光の台が生じて、そこにさまざまな仏陀の世界があらわれたという意味ですが、つまり、釈迦如来の説法をあらわし、その説法によって私たちが本当に何を願っているかを私たち自身にたずねさせるという筋道をあらわすのです。

この世のどこにも解決が見い出せなかった韋提希が釈迦如来の説法に耳を傾け、自分の心に問いかけながら、この悲劇の解決を求めたのです。そして、「安楽浄土」の法に解決を見たのです。釈迦如来の説法を聞きながら、あるいは誰にもわずらわされない静かな世界が見つかれば、悲劇の解決だと考えていたのかもしれません。また、あるいは美しいものだけでできている世界が見つかることが解決だとも考えたかもしれません。しかし、それは自分を本当に納得させる解決ではないとして、さまざまに説かれる釈迦如来の法に導かれて、ついに「安楽浄土にいたった」というのが「安楽世界をえらばしむ」という「和讃」の意味するところです。

これは私たちに次のことを教えてくれます。ふつう、私たちはいやなことが起これば、早くその事がなくなってしまうことを願い、あるいはその事と無関係になりたいと願い、そうなればいちおう解決のように考えています。しかし、それは解決ではなくて、事柄を遮断《しゃだん》することで自分自身を隔離したのです。自分を狭い所に追い込んだだけです。それは環境だけを問題にして、自分自身が問題にならないことから生ずるのです。

環境に縁（よ）って生きている者が環境だけを問題にするために、かえって自分が陽炎《かげろう》のようなうつろな者になってしまうのです。悪いのは環境であり、自分は罪無い者、被害者であるとすることで、どこにも自分がいなくなってしまって、解決したつもりでも自分自身が虚《むな》しいものになります。かといって、自分だけを責めても解決にはなりません。しかし、私たちはいつでも、環境を責めるか自分を責めるかして、本当の解決が得られないのです。解決が得られるのは、環境に縁って生き、縁に遇うて生きる私たちの生活全体が闇をもっていると教えられて、仏陀の浄土の世界から私たちの世界が穢土と知らされるときです。自分自身に穢身・穢土を見い出し、真実は如来であると知ることで、業・煩悩に悩む私たちに真実の解決があるのです。これを浄土に往生するというのです。

場と身の転換

諸仏三業《さんごう》荘厳《しょうごん》して
畢竟《ひっきょう》平等なることは
衆生虚誑《こおう》の身口意《しんくい》を

治《じ》せんがためとのべたまう
安楽《あんらく》仏国にいたるには
無上宝珠《ほうしゅ》の名号《みょうごう》と
真実信心ひとつにて
無別道故《むべつどうこ》とときたまう

(『高僧和讃』聖典四九三頁)

浄土の世界は仏陀の頭の中から出てきたものではなく、「どう生きたらよいのか」「どうすればこの世を生きぬくことができるのか」という私たちの現実からの叫びにこたえて、あらわれたのです。

すると当然、では衆生の現実にこたえるためになぜ浄土でなければならないのであろうか、という疑問が生じます。この理由も衆生の現実に根をもつのです。最初に引きました「和讃」は曇鸞大師をたたえたものの中の二首ですが、第一首のところに「衆生虚誑の身口意を治せんがため」ということばがあります。これは浄土が衆生をたすける世界としてあらわされるのは、衆生の嘘《うそ》、偽りの業の世界を治癒せんためだと教えているものです。

古来、人間の全体をあらわすことばとして、身《み》・口《くち》・意《こころ》があります。この身・口・意は、はたらきをもつことから身口意《しんくい》の三業といわれます。この身・口・意の三業で、私たちは私たち自身および私たちの世界をつくりあげてきたのです。縁にあって身口意の三業がはたらきますので、私たちの世界は業縁によってできあがった世界です。単なる地球ではなく業縁の世界ですから、「浮き世」と呼ばれたり、「娑婆」といわれたり、「三界《さんがい》」とも名づけられるのです。

曇鸞大師は私たちの三業は真実の行為ではなく、自分だけが特別なように自分自身をとらえ、自分中心の口と耳をもち、自分と他人とを厳しく分けて溝《みぞ》をつくる、これらをもととして業をつくりつづけているというのです。そのために、私たちの世界は人と人とを隔てる山や谷や川がつくられ、自らの業によって苦しんでいると教えられます。

身・口・意の三業によってできあがったこの娑婆と呼ばれる業縁の世界は、私たちの業によってできていながら、私たちを安んじさせないのでしょう。いかなる縁が来たって、いかなる業をなすかわかりませんし、そして、その業の結果に耐えられるかどうかもわからないのです。そのために、いつも不安なものを感じているのです。すると私たちはよくいいます。自分の心を金剛《こんごう》のごとく堅固《けんご》にすればよいのだと。何が起きても、何が攻めてきてもびくともしない心になればよいのだ、と。そして、それを可能にするものが宗教であるといいます。このように考える人たちは直面目であるでしょうが、たいへん個人的といわなければならないでしょう。それはたとえれば、揺れ動く船の甲板《かんぱん》で自分だけは動くまいとする所業によく似ています。自分が乗っている船がすでに揺れ動きつづけているのに、自分だけは動かないような顔をすることは真面目かもしれませんが、智慧ある人とはいえないでしょう。

私たちの業によって造られた世界は、すでに揺れ動きつづける船なのです。その揺れは、また私たちの不安でもあるのです。その意味では不安をのがれる道は自分の中にも、外にもないのでしょう。だから曇鸞はこの世界は「衆生虚誑（うそ、いつわり）の身口意」によってできているといわれたのです。

このように業縁を生きるとは、自分だけですまないことをあらわすのです。業縁を生きるとは、一方で自分となって、また一方でその自分をとりまく環境となってあらわれることなのです。ですから、自分だけをとりあげて改革しようとする道も、また環境だけをとりあげて清らかにしていこうとすることも、一見、できそうに思いますが、しかし業縁に暗い考え方といわなければなりません。

私たちはこの暗さに少しも気づかず、自分の内に、自分の外に不安をのり超える道をたずねて、いつの間にか自分の内に自慢を、自分の外に地位・名誉をうちたてようとするものになってしまっているのでしょう。

この業縁の世界にあっては、揺るぎのない自分も、揺るぎのない自分が立つ場所も、どこにもないのです。この業縁の世界は業縁の世界のゆえに、私たちを苦しめるのですが、その同じ理由によって私たちを安んぜしめないのです。不毛の地と同じなのです。場そのものが変わらなければならないのです。虚誑の身・口・意でできあがった場と、そこにある身が転換しなければならないのです。

私たちの苦悩し解決を求める心に寄り添いながら、直接に答えを与えるのでなく、解決を求める心そのものに解決の糸口があることを、解決を求める心に知らしめて、転換せしめることが、「安楽仏国にいたるには　無上宝珠の名号と　真実信心ひとつにて」と先に引きました「和讃」の意味です。安楽仏国は、業縁の国とはまったく異質なのです。その異質の仏国が私たちの心に寄り添いながら私たちの心に異質の世界を知らしめますので、私たちに異質の世界に目覚めることがおきるのです。この異質の世界からのはたらきを名号といい、目覚めを信心というのです。はたらきに目覚めるのですから、名号と信心とは別々のものではないのです。名号は眼となり、信心は手足となって私たちの「人《ひと》」となるのです。

民衆の生きる目印

親鸞八十三歳の時の著作に『愚禿鈔』があります。この『愚禿鈔』は上下二巻になっているものですが、その上下巻それぞれ、冒頭に次のようなことばがおかれています。

賢者《けんじゃ》の信を聞きて、愚禿《ぐとく》が心《しん》を顕《あらわ》す。
賢者の信は、内は賢《けん》にして外《げ》は愚《ぐ》なり。
愚禿《ぐとく》が心《しん》は、内は愚にして外は賢なり。
（聖典四二三、四三五頁）

この『愚禿鈔』と名づけられた著作は、親鸞が愚鈍のゆえに環境のゆえに悩む私たちに、その解決が浄土の真宗に帰することにあることをあらわされたものです。そして、浄土の真宗に帰するについて、どうしても心得なければならないことが二つあることを教えられたものです。

まず、浄土の教えを聞いて何を知らなければならないかについて、親鸞は「内は愚にして外は賢である」ことを知らなければといいます。

私たちがふつう、宗教・仏教に関心をよせて、たずねていく場合、どのような聞き方、受けとりをしているでしょうか。

仏教の場合は、どうしてもその長い歴史のせいで、専門的な色あいが濃くて理解するだけで大変ですから、ことばの意味がまずたずねられることになります。この聞き方は教理として学ぶ方向になります。

これに対して、宗教に苦悩の解決、利益を求める受けとり方があります。これは教理よりも行を学ぶ方向です。

大きく分けてこの二つの方向が考えられますが、私たちはどの学びをしているでしょうか。「真宗のはなしはわからん」といったり、「念仏して往生することなど信じられない」といったりしていますから、二つの方向をいったり来たりしているのでしょう。

このような私たちに親鸞は、真宗の教えを聞いた場合に「内愚外賢《ないぐげけん》」ということを知らなければならない、と目印《めじるし》をたてられたのです。目印がありませんと、はたして自分の進んでいる方向が正しいのか誤っているのかわかりません。真宗の教えも、ただ聞いておればよいというものではありません。

ところで、「内愚外賢」という目印とはどのようなことでしょうか。

最初に「内《うち》・外《そと》」について申しますと、親鸞によれば、「内」とは「出世間」つまり、仏陀の世界をあらわし、「外」とは「世間」をあらわすといわれます。ですから、この「内・外」は内面・外面という意味とはちがいます。内面・外面で「内愚外賢」を考えますと、内面にはうそいつわりがありながら、外面は賢い善人の顔をしているという意味になり、偽善者のことになります。すると、全体の意味からいえば、真宗の教えを聞いて心得なければならないことは、「自らを偽善者と知ることである」となります。そうであれば、そんなことは真宗の教えを聞くまでもなく、私たちは生活経験で知っているということになってしまい、せいぜい気をつけようぐらいにしかなりません。

しかし、親鸞がいうように「内は出世間」「外は世間」をあらわすとしますと意味が違ってきます。

これでいきますと、「内は愚」という意味は、如来の世界に暗いもの、如来の世界を知ることのできないものとなります。また、「外は賢」とは仏教を聞いて、それをもって自分を大きく見せようとしたり、賢く見せようとしたりして自慢の種にしていくという意味になります。世間を超えようとしながら、いつの間にか世間に対して自慢するものとなっていることをあらわします。

世間の人に対して自ら賢《さか》しいものであると自慢するために仏教を聞いたのではないけれども、いつの間にかそうなっているという、思いがけない自己発見が「内は愚にして外は賢なり」の意味するところです。なぜそうなるのかといえば、「内が愚である」ことによります。仏教について学ぶのですから、出世間、如来の世界についてだんだん明るくなるはずでしょう。ところが親鸞は反対だというのです。仏法について詳しくなることが必ずしも仏法を知ったことではないのです。なぜなら、仏法についての知識があっても、現実にぶつかった時に、知ったことが間にあわないことがあり、そこでは知っていたはずの自分こそが問われるからです。問題は知識にあったのではなく、自分にあったのです。

ここから「内は愚にして」という意味は、私たちは自分以外のものは何でも知ることができるが、肝心の自分が知られないものであるという無智の自分自身があらわになるということです。しかも、自分について暗いとは思ってもみないのです。本能的なあつかましさがあるのです。そういう自分があらわになることが、真宗の教えを聞いたという目印だと親鸞はいうのです。それを「愚・おろか」の自覚というのです。

この自覚は仏の教えによって知られるのですから、それを知るものは仏陀の弟子ということになります。

この世のならい、なりわいに泥まみれになっている愚かな者が、それにもかかわらず仏陀の弟子の目覚めを得ることができることを、「愚禿」といわれたのです。ですから、愚禿とは親鸞だけをさすことばではありません。今日の私たちも、真宗の教えを聞いて、愚禿という仏弟子の自覚をもてることをあらわしたことばです。これがひとつの目印です。

もうひとつ目印があります。「内賢外愚《ないけんげぐ》」です。

これは私たちの目標としての目印です。意味は如来の世界が知られたのは自らの賢さ、知恵努力によるのではなく、ひとえに如来のはたらきによるのであって、他に向かって誇るべき、自慢すべきものは何ひとつないという目覚めです。この目覚めを実践するところに、御同朋御同行《おんどうぼうおんどうぎょう》の世界が開かれてきます。

真宗の教えを聞いて、煩悩成就の凡夫人が如来の世界の一員となって、この濁世に御同朋御同行の交わりを結んでいくものとなることが真宗を学ぶ目標なのです。

このように親鸞によって明らかにされた世界は、念仏の声とともに私たち民衆の生きる目印となって今も輝いているといえましょう。

浄土との出会い

あとがき

もし、人から「親鸞とは」と問われたら、即座に「『教行信証』をあらわしたひと」と答えたいと心ひそかにおもっていた。それも「『教行信証』をあらわしたひと親鸞」であって、決して、「親鸞は『教行信証』をあらわしたひと」であってならないと強くおもっていた。

そんな時であった。ラジオ「東本願寺の時間」の依頼がきた。ラジオ放送は全く未経験だったので不安を感じたが、「『教行信証』をあらわしたひと親鸞」を追求してみたいという欲求から引きうけた。教育部のラジオ放送担当者から「東本願寺の時間」の現況を聞き、容易ならざるものを感じ、「『教行信証』をあらわしたひと親鸞」のタイトルでは無理とおもった。

それでしばらく検討して、タイトルを「民衆の中の親鸞」とした。それは『教行信証』をはじめとする、多くのことば＝親鸞がひとびとの中にどのようにはいっていき、ひとびとの中に何を形成してきたかを考えてみたいと思ったからだ。

しかし三十五回の放送を終わってみて、テーマが少しも充実していないことを痛感するばかりである。この不十分なものを三十五回も聞いてくださった方があるかと思うと汗顔の極みである。ただ、毎回ごと『教行信証』をあらわしたひと親鸞のことばに触れていきたいと念じ、各回の冒頭に、そのひとのことばを用いた。これだけが三十五回の放送の中のすべてであったと思う。

内心忸怩《じくじ》たるものを感じながら、それでも三十五回終えてホッとしていたところに、出版部より出版依頼。聴聞なさっておられた方がたよりの要求とのこと、半信半疑のうちに承諾し今日に至った次第である。ここでもやはりまた、親鸞のことばに一度でも多く触れる機会になれば、がすべてである。

最後に、多くの方がたのはげましがなければこの刊行はありえなかったことを申しあげ謝意をあらわすものである。

一九九一年三月　　　　平野　修

著者略歴

平野　修●ひらの　おさむ
一九四三(昭和十八)年、石川県に生まれる。
大谷大学大学院博士課程修了。真宗大谷派明
証寺住職。九州大谷短期大学教授。一九九五
年九月二十七日、逝去。

著書『南無阿弥陀仏のいわれ
　　——善導大師・親鸞聖人に学ぶ』
　　『南無阿弥陀仏のすがた
　　——慚愧の御遠忌・「御文」聴記』
　　『教行信証に学ぶ
　　——生活指針としての念仏』
　　『生きるということ』
　　(東本願寺出版部)、
　　『真宗の教相』(法藏館)、
　　他多数。

民衆の中の親鸞

一九九一(平成三)年四月十五日　第1刷発行
二〇〇六(平成十八)年十一月二十日　第5刷発行

著者　平野　修
発行者　熊谷宗惠
編集発行　真宗大谷派宗務所出版部
　　　　(東本願寺出版部)
〒六〇〇―八五〇五
京都市下京区烏丸通七条上る
電話　〇七五―三七一―九一八九
FAX　〇七五―三七一―九二一一
TOMOネット　http://www.tomo-net.or.jp
E-mail　shuppan@tomo-net.or.jp

印刷所　(有)寶印刷工業所
装幀　島津デザイン事務所

ISBN4-8341-0202-5 C1315

同朋選書刊行のことば

《同朋》〝どうぼう〟と読みます。聞きなれない言葉であると思います。

私たちは、顔の形、能力、性別、年齢等を異にしながら生きています。このように、生きているという事実は、それぞれが誰とも代わることのできない、また代わる必要のない、私自身の人生を生きているということであります。

そのようなさまざまな差異《ちがい》を生きている私たちにとって、誰にも共なるものとは一体なんでしょうか。それは、共に生きているという現前の事実であります。

《同朋》とは、このような現に共に生きているといういのちの事実に目覚めた人びとを表す名であります。

真宗大谷派（東本願寺）では、一九六二（昭和三十七）年に「真宗同朋会運動」を発足させました。この運動は、ややもすれば生きる意味を見失い、不安と絶望のただ中で孤立している私どもが、親鸞聖人の本願念仏の教えによって、生まれた意義と生きる喜びを見出し、共に生きんとするものの歩みであります。

どうかこの《同朋選書》をお読みくださることによって、生きてあることの尊さを一人ひとりが大切にしていく歩みになればと願っています。そして、この本を、有縁の人におすすめいただきたいと思います。

東本願寺出版部